圖解台灣
TAIWAN

圖解台灣
TAIWAN

圖解台灣喪禮小百科

李秀娥◎著

晨星出版

生命禮俗的傳統與現代

推薦序

生與死是必然的過程，凡出生於世，即免不了面對死亡的來臨，人的一生充滿著各種不同的禮儀習俗，從出生、成長、結婚到壽慶，最後隨著身體衰老而步入死亡。這些習俗的構成絕非一人而成，而是在家族及周邊社會的世代傳承下，通過禮儀習俗表現對人生的期盼及心願。如此伴隨生命發展衍變而成的文化內涵，在每個民族、地域的人們乘載的屬性特質下，為順應其生活環境及各自肩負的傳統，保有獨特的文化特徵與習俗模式，其中又以對死亡的敬畏所衍生的喪葬習俗最為豐富多樣。

喪葬的文化傳統，表現出民俗中透過特定祈求、觀念以追求安穩生活秩序的趨向，像是歲時性的祭典、節慶，再者便是貫穿一生的生命禮俗。其中對死亡的處理，也就是有關於大體處置的喪葬儀式，向來最令人感到恐懼不安，但是不管是誰都無法避免面對死亡。喪葬文化可說是人面對大自然及未知世界、神鬼觀念的體現，從此世與來世連結的想像，進而營造出處理亡後世界的一套文化行為。在此之中，有文化觀念的建構、習俗秩序的展現，此行為模式造就了具體的喪葬器具。過去在國內，喪葬常被賦予某種刻板印象，不過近年日本一部名為《送行者——禮儀師的樂章》電影，掃國人過去面對死亡的態度。不久之後，國內也推出《父後七日》這部探討台灣人生死的電影。這部有台版送行者之稱的電影，持續投入不少對生死、殯葬等過去被視為禁忌，鮮少有機會成為主流社會關注的議題。當然，此動向的確成為一股撼動刻板印象的力量，一方面也伴隨殯葬產官學推動的革新趨勢，而對世代傳承於各地的傳統喪俗相對抱持著不同的見解。傳統該如何革新，是否需要人為的調整再造，當符合環保及服務升級等理念已構成喪葬禮俗革新的主流，那麼，符合現代需求及兼顧社會利益的喪葬該如何達到？這些疑問伴隨以提升國民生活品質為目的之《殯葬管理條例》制定滿十年的今日，為求合乎時宜也完成新修正版本。

身在革新氣焰高漲的年代，李秀娥老師推出這本圖文並茂的《圖解台灣喪禮小百科》一書，成為你我溫故知新的最佳讀本。李秀娥老師畢業於國立台灣大學人類學研究所，為國內長期投入禮俗文化、宗教信仰研究的知名學者，我個人近年很榮幸在各種田野現場中獲得秀娥老師的關照指導，對這位前輩在研究耕耘上的堅持深感敬佩。這是一本詳實記錄台灣喪禮的百科書籍，此書不僅系統性描述台灣喪禮的知識，其圖文並茂的呈現模式更提供讀者絕佳的閱讀享受。我很榮幸先拜讀這本大作，期待此書的問世能提升國內在生命禮俗的研究深度，帶動更多相關的研究議題，進而促使台灣民俗學早日誕生。

國立臺北藝術大學建築與文化資產研究所　專任教授
兼文化資源學院院長

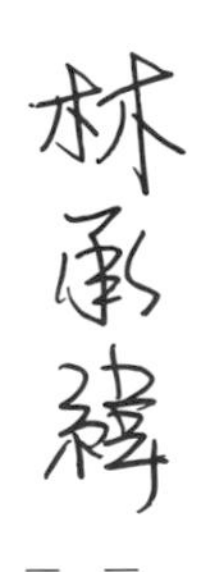

二〇一五年八月十一日
二〇二一年・新版

生命的終極關懷

作者序

在筆者的民俗研究生涯中，會關注到台灣漢人生命禮俗中喪禮方面的研究，起源於西元一九九八年時，進行博揚文化有限公司委託的《祀天祭地——現代祭拜禮俗》一書的研究與撰稿，並於一九九九年完成該書的出版，而該書也於二〇〇〇年榮獲中研院暨文建會主辦「八十九年地方文獻出版品評鑑獎」民間出版品類的「佳作」獎。這對筆者投入此方面的研究，實是一項莫大的鼓勵。

到了西元二〇〇〇年筆者夫婦（外子謝宗榮老師）又陸續隨緣投入《續修臺北縣志・住民志・第四卷禮俗》（二〇〇六年出版，與陳茂泰教授合著）和《臺灣鄉土藝術鑑賞教學手冊》（二〇〇二年出版，郭博州教授主持）的調查編撰計畫。筆者在二〇〇一年二月至二〇〇三年二月時，與外子也一同於大葉大學共同科擔任兼任講師，筆者教授的科目即是「臺灣禮俗文化」，教學之餘也進一步整理生命禮俗的書稿，並在中華民俗藝術基金會與台中晨星有限公司合作的「臺灣民俗藝術」系列叢書中，相繼完成了拙著《台灣傳統生命禮儀》（二〇〇三）、《台灣民俗節慶》（二〇〇四）的出版。

直到二〇〇五年筆者又應遠足文化有限公司之邀，於二〇〇六年完成了《台灣的生命禮俗——漢人篇》的出版。早在二〇〇五至二〇〇六年間，筆者夫婦也因參與江韶瑩教授主持的《臺灣民俗文物辭彙類編》編撰計畫，筆者對台灣的喪禮民俗寫下一些相關的辭條，因而也興起針對台灣地區的喪禮習俗寫一本專門的小百科，作為兼具實用性與參考性的工具書，也是筆者對既往自己在生命禮俗的研究著作之補充。

喪禮是生命終點時所採取的一種因應之道，有其相應的禮儀與傳統習俗，凡是血肉凡軀，皆有面臨生命終點的一刻。道教靈寶道派的功德科儀中，「見靈」時常對亡靈吟唱南曲慢頭「思想起」的「生地獄調」，其文詞內容為：

南柯一夢熟黃粱，堪嘆人生不久長。有生有死皆由命，無君無父永無常。

此是慨嘆人生際遇無常生命短暫，猶如南柯夢、黃粱夢一般，生死皆由命定，毋須強求。而台灣的南管界對於絃友的喪禮之悼輓，常會獻唱一首「三奠酒」，其中有段歌詞唱道：

人生一世枉費機，烏飛兔走速與遲。萬載江山今猶昔，絲竹和唱慰心怡。

便是提醒世人生命的無常，彷如烏鴉的飛翔與白兔的奔跑般，速度有快有慢，遲早都會面臨死亡，何需枉盡心機爭取些什麼呢？名位、權勢、財富又豈是我們應汲汲營營的？萬載江山古今皆同，清風明月常伴我心，古月也依然照今人，不如陶醉於絲竹管絃的唱和，足堪安慰養性怡情來得愜意。所以不論我們處於生老病死的哪個階段，我們若期望可以壽終正寢，不要遭逢意外災厄，或希望死時可以莊嚴、祥和、安寧的走，那我們活在每個當下，便需儘量讓自己充滿喜悅與幸福、感恩與祝福。盡我們為人為夫為妻為母為子的本分，也在虔誠的信禱中，祈求神靈與祖先們的護佑，我們自可生活在充滿信心、感恩與恩寵的氛圍中，完成我們人生的責任與義務，走完人生的最後階段。

感謝台中晨星出版公司徐惠雅主編願意出版拙著，也感謝執行主編胡文青、美術設計拓樸藝術設計工作室高一民等人的幫忙。本書出版在即，感謝北藝大林承緯教授百忙中答應賜序推薦，本書的圖片主要攝影者為外子謝宗榮老師，其餘則為筆者、李燦郎、吳碧惠老師、楊士賢教授、林柏伸、洪筱蘋等友人所拍攝，感謝他們所提供的豐富民俗攝影圖片。而外子宗榮對筆者長年的民俗田野研究生涯輔助頗大，長期陪伴進行田野調查，也協助我於困惑不明之時進行討論、提供寶貴意見，並幫我拍攝大量所需要的民俗配圖，甚至也教導我如何拍攝民俗影像，實是我生命中亦師亦友的好伴侶。

我必須表明，我不是喪禮的專家，有很多操作細節我也不清楚，只是隨著既往生命禮俗的研究歷程，剛好有機緣整理一些有關喪禮部分的文稿，所以才興起不妨單獨為喪禮習俗整理成一書，方便供有興趣的讀者參考吧！我們夫婦自一九九一年起長年茹素，而我自然地成了敏感體質，我也曾經在參與喪禮的田調過程中，等待化靈厝時，被受苦的亡靈提醒，而突然讓我腳痛許久。返家後，還得答應幫他們多持咒念佛迴向幾天。甚至連在家以洗衣機洗衣服時，也突然以頭暈來提醒我，我也趕緊觀想式地將我們夫婦的衣服送給亡靈及其祖先靈穿後，這才沒事。

我也曾經在二〇一四年參加喪禮的田調過程裡，與一同田調的研究者在談話間，忽然被煞到而感到不舒服，以微吐收場，但是當下心裡只有不斷迴向給亡者及其家屬、無形的好兄弟、在場的所有的人員、包括做田調的所有的研究者。所以從此以後，我要再與外子謝宗榮老師參與喪禮功德的田調時，除了皮包裡的保身平安符外，我必定會在身上多帶上一片榕樹葉來辟邪。但是我在喪禮的田調過程裡，也曾受亡靈之託，轉達亡靈之意。如二〇〇四年台南佳里塭仔內林清隆道長妻子病逝後，行「一朝宿啟」功德，師母就曾示現給我看，她臉上充滿笑容要我務必轉達給林清隆道長，說她很抱歉，肉體無法再繼續留下來陪伴他們，她要騎仙鶴去雲遊西方了。這也是我生命中首次受到亡靈委託之事，初時心裡也很詫異，不太敢馬上轉達呢！

既然我有緣為喪禮習俗的相關項目寫下這本書，在此也有感而發地寫下我在過去參與喪禮田調的場合裡靈異經歷的分享，讓我親身見證身故後，靈的世界。有會向我索討持咒念佛、念心經來功德迴向的，向我索討要觀想式送衣服給他們的受苦亡靈；也有修行境界較好，可以騎仙鶴去雲遊的；也有修道之士，處在快樂逍遙仙境的。

在此為序說明筆者對《圖解台灣喪禮小百科》的研究與撰寫因緣，以及一點對生命的感受與想法，以及既往參與喪禮田調的靈異經歷分享，也表達筆者對本書有所裨益之人、事、物的感激之情。凡田野調查與研究撰稿成書期間，所有研究上的前輩專家、提供協助的喪家、道長、法師、報導人、友人和外子等，皆是我要深深感謝的對象。

李秀娥

寫於台北內湖耕研居

二〇一五年歲次乙未・立秋

二〇二一年・新版

目錄

一覽立即懂

喪禮科儀流程的小百科

喪禮是生命終點時所採取的一種因應之道，更是生命的終極關懷，其細節各地雖不盡然相同，但台灣傳統喪禮習俗仍延續不墜，淵遠流長。即使面對二十一世紀，雖然會配合現代社會，而有日趨簡易的情形，然而基本的結構、型式與其義理的差異不大，依然可以見到保留許多特色。除非是新式或西化的喪禮，才會展現出因應新時代的需求，而呈現出另一種環保式的喪禮型式。

一《臨終及歿後的處理》

- 拼廳搬舖（分手尾錢、辭土）→ 遮神 → 摔碗（摔葯罐）
- 石頭枕 → 水被 → 含錢（含殮）
- 腳尾飯 → 腳尾燈（腳尾火、長明燈）→ 腳尾錢
- 腳尾轎（魂轎、過山轎）→ 腳尾經

二《發喪》

- 訃文（訃聞、訃音、訃告）→ 大銀燭和糕仔封
- 示喪 → 掛紅 → 孝服
- 喪帽 → 頭白 → 喪巾

三《治喪》

- 招魂幡（孝幡）→ 布幡 → 靈頭幡（七魄幡）
- 喜喪燈（大燈、麻燈）→ 麻燈 → 棺木
- 接板（接棺）→ 乞水（淨水）→ 乞火灰
- 壽衣 → 圍庫錢

四《殯禮》

- 孝杖 → 辭生 → 放手尾錢
- 過山褲 → 雞枕 → 掩身幡 → 靈位
- 魂帛 → 魂身 → 桌頭嫺 → 孝飯（捧飯）

五【葬禮】

- 土葬 → 火化（火葬） → 骨灰甕（骨灰罈）
- 起柴頭 → 家奠 → 公奠
- 封釘 → 繞棺 → 點主
- 呼龍 → 祭墓主 → 分五穀丁錢
- 巡山 → 銘旌旗 → 五色旗（五彩旗）
- 靈厝（紙厝） → 普陀巖（觀音山） → 孝思堂
- 金童紙像 → 玉女紙像 → 孝子山
- 香亭 → 像亭 → 魂轎（子孫轎）
- 除穢淨符水 → 輓聯 → 輓帷（輓幛）
- 輓軸 → 花圈 → 花籃
- 禮籃（罐頭山） → 奠儀（白包）

六【居喪】

- 作七 → 作旬 → 作功德
- 作百日 → 作對年 → 作三年

七【除喪】

- 除靈 → 寄爐香火袋 → 合爐

八【撿骨（撿金）】

- 撿骨 → 撿金 → 金斗甕

九【祭祖】

- 祖先像 → 祖先牌位 → 公媽牌
- 族譜 → 作忌日 → 作冥誕
- 作總忌 → 家宅祭祖祭品 → 宗祠祭祖祭品

十【墓與墓園】

【硬體設施】

- 墓 → 墓碑 → 石香爐 → 石供桌
- 石筆 → 石翁仲 → 石獸 → 石旗杆
- 石坊 → 石壁 → 石土地公
- 墓誌銘 → 碑及碑文 → 墳亭

【祭祀活動】

- 清明培墓 → 掃墓 → 掛紙
- 客家人掛紙（掃墓）

十一【其他的傳統葬禮】

- 招魂葬 → 作譴爽（獵七葬、送空棺、草人葬）

十二【現代化喪禮】

【一】佛化喪禮

【二】改良式喪禮

- 生命契約 → 生前契約

【三】其他新式的喪禮

一、環保自然葬之一：

- 樹葬 → 樹灑葬

二、環保自然葬之二：

- 海葬

三、新式器官捐贈的自主殯葬禮俗

導言：台灣漢人傳統的魂魄觀與喪禮的淵源

漢人對生命的看法認為一般人身體擁有三魂七魄，若魂魄不安，容易招惹邪祟，往往需透過傳統宗教人員，執行安頓神形的儀式，以使人身心獲得安頓……

一 生命歷程與儀式

二 魂魄與元神

三 善惡與幽冥界

四 陰陽與輪迴

五 傳統禮儀之精神

六 台灣喪葬禮俗源流

七 喪禮小百科面面觀

生命歷程與儀式

在人類各民族的文化現象中，一般都非常重視社會成員的生命歷程：從誕生、成年、結婚、生育子女、以至死亡等階段，都是不同的重要生命階段之變化。而為了區隔前一個生命階段的結束，並迎接下一個生命階段的來臨，在不同社會文化的習俗信仰傳承下，就會產生各式各樣的生命禮儀。

人類個體從出生到死亡，在每個不同階段當中，其社會身分和地位的轉換，可說是通過重要的生命關口，凡此都需經由該文化所認同許可的信仰儀式之舉行，來幫助當事者與其相關的親友、社會成員等的接納與瞭解，這就是荷裔法籍人類學者 Arnold van Gennep 所說的「通過禮儀」（rites de passage）[1]，後來 Chapple and Coon 又提出「加強儀式」（rites of intensification）[2]加以補充說明。

這些理論說明了儀式的三個基本階段：隔離（separation）、轉移（transition）及重合（incorporation），意思是說凡是某個社會成員之當事者，隨著其生命狀態、年齡的變化，已達不同的成長階段或成長關卡時，在未跨到另一階段前，要先與原先的社會地位與情境暫時隔離開來，並且處於一種中介的狀態；等到經過相關儀式的操作後，便進入生命階段轉移的狀態；直到儀式完成後，才宣告其順利通過此生命階段，正式進入另一個新的階段，並擁有新的社會身分與地位。

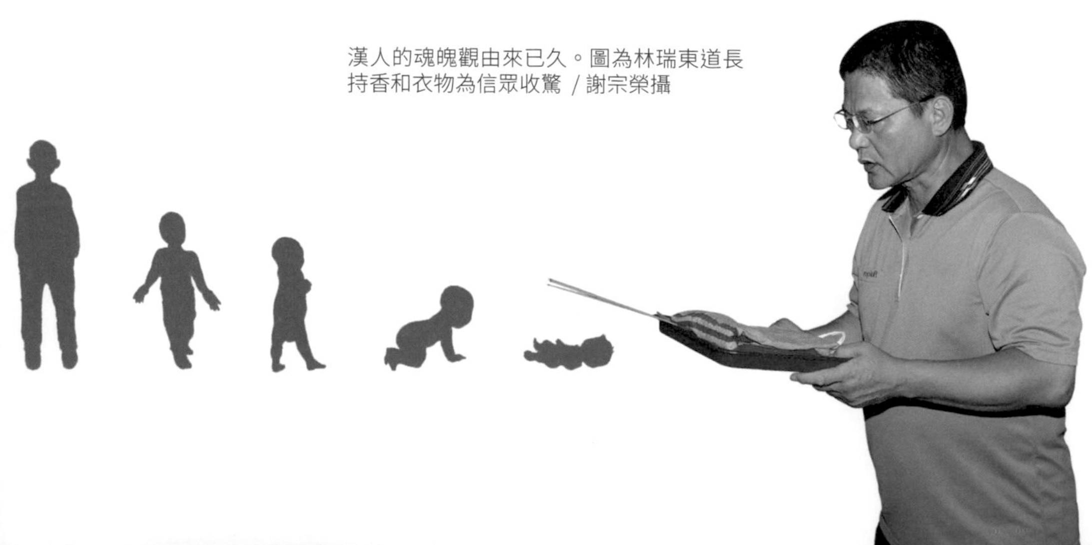

漢人的魂魄觀由來已久。圖為林瑞東道長持香和衣物為信眾收驚／謝宗榮攝

魂魄與元神

傳統道教對生命中具有太極陰陽之理，重視調養精氣神三元，以及身體有三魂七魄的看法，相當特別，對大眾影響甚深，李叔還先生在《道教大辭典》中曾說明：人為「三太」之一，所謂「三太」即「蓋太極分形，天地各具太極之理，人受天地之氣以生，則人亦一太極也，故天、地、人是為三太。」[3]也就是說太極陰陽分形，產生天、地之別，此具有太極之道；而人秉受天地太極之氣，人身也是一個太極，所以天、地、人三者稱之為三太。

道家擁有一套悠久的養生觀，即調養精、氣、神三元之氣，相當重視呼吸吐納的功法，讓形神合一用以養生修練。而所謂「三元」即：「人身之元精、元氣、元神為三元。《性命圭旨》精、氣、神謂之三元，三元合一，丹成也。」[4]元精為丹鼎中神靈真精天地之氣，元氣為天地未分前，太極渾沌之氣，元神為不生不滅，無朽無壞的真靈，也是人之靈魂，人若能將「精、氣、神」三者合而為一，所煉內丹也會成功。此外在道教「天、地、水」也稱「三元」、「三官」，表天地水三界。

道教常說人身有三魂七魄，三魂七魄若不穩定，則人魂魄不安，容易招惹邪氣產生疾病，甚至死亡。而中國早在春秋戰國時期起已有魂魄的觀念，直到魏晉時期才細分出三魂七魄。所謂三魂即指：胎光、爽靈和幽精，此見於宋代張君房選輯的道教類書《雲笈七籤．魂神．說魂魄》（卷之五十四）》的記載：

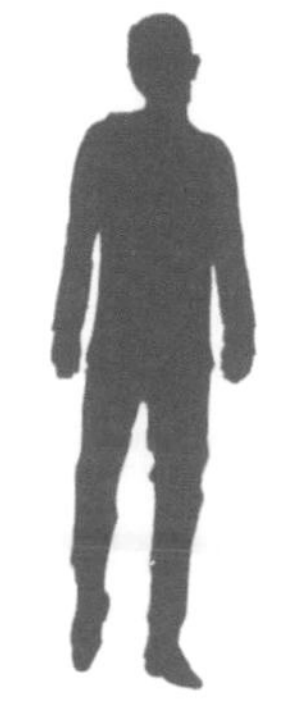

生老病死：人類隨著年齡的變化，不同階段有不同的關卡與儀式／李燦郎 攝

夫人身有三魂：一名胎光，太清陽和之氣也。一名爽靈，陰氣之變也。一名幽精，陰氣之雜也。若陰氣制陽，則人心不清淨，陰雜之氣，則人心昏暗。5

此段大意是說人的身上擁有三魂：胎光、爽靈和幽精。胎光屬於太清陽和之氣，令人清淨寡欲可得長生之性；而爽靈、幽精則屬凡俗的慾望變化與妄想雜念等陰氣之性。倘若身中陰氣勝過陽氣，則表慾望過盛，令自心不夠澄淨，而陰雜之氣太盛，會使人心受到諸多慾望雜念的牽絆，導致自性昏沈晦暗，違離清修之境。所以在傳統道教的觀念中，身魂中所具的陽氣的屬性會上揚，對人性的修練是屬於良好的境界，身魂中所具的陰氣的屬性會下沈，對人性的修練則屬不好的境界。

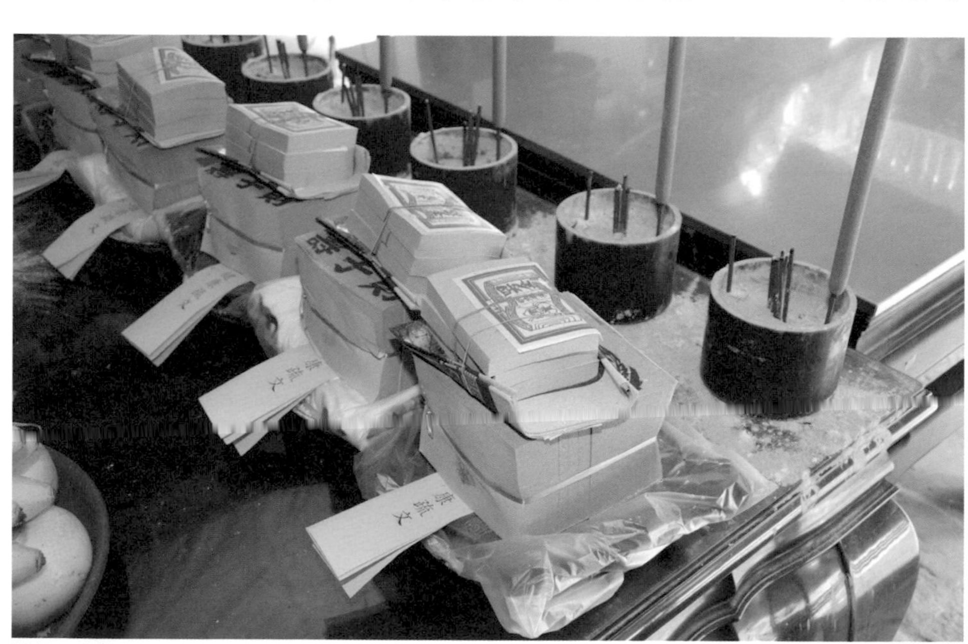

請神明收驚安頓魂魄／謝宗榮 攝

蘇西明道長為信眾祭改收魂／謝宗榮 攝

立秋：斗指西南維為立秋，陰意出地始殺萬物，按秋訓：禾穀熟也。

二〇一五年 八月（大）卅一日 農曆乙未年

自六月廿四日寅時立秋起至七月廿六日辰時白露前為甲申月 瓜

月宿翼｜神磨胎碓人占｜神磨胎碓牛占｜神灶胎豬占｜神廳胎樓羊占｜月煞在南方

日	星期	紀事	農曆	干支	五行	建除	九星	星宿	卦	宜忌	每日沖煞年齡	每日胎神占方	每日吉時
1	星期六	天月德合 七元四將●勿拆灶 杤寮萬應公聖誕	農曆六月小 十七	己酉	土	滿	九紫	柳	九八 謙	宜 出行 解除 剃頭 裁衣 起基 造廟 開市 立券 交易 開倉庫 出貨財 ●忌嫁娶入宅安葬	沖兔 煞東 53歲	占大門外東北	巳午未申
2	星期日	顯星 歲德 大進 南鯤鯓池二王爺千秋	十八	庚戌	金	平	八白	星	八八 艮	宜 祭祀 入殮 成除服 移柩 安葬 ●月煞會平日 無註者弗妥	沖龍 煞北 52歲	碓磨栖外東北	卯巳午未
3	星期一	曲星 天月恩 觀世音菩薩得道紀念	十九	辛亥	金	定	七赤	張	七八 蹇	宜 祭祀 祈福 出行 訂婚 伐木 拆卸 裝潢 上樑 安床 入宅 安香 掛匾 開市 立券 牧養 納畜 ●忌嫁娶安葬	沖蛇 煞西 51歲	廚灶床外東北	子卯午未申
4	星期二	天恩 瑞	二十	壬子	木	執	六白	翼	六八 漸	宜 解除 沐浴 整手足甲 進壽符 入殮 移柩 撿骨 安葬 立碑 ●正四廢日 無註弗用	沖馬 煞南 50歲	倉庫碓外東北	卯辰巳未
5	星期三	天恩 月解 ◎烏兔太陽卯時	廿一	癸丑	木	破	五黃	軫	中五禽	宜 凡事不取 月破會正紅紗煞 一切宜事俱不取	沖羊 煞東 49歲	房床廁外東北	卯巳午
6	星期四	傳星 天月德	廿二 勿探病	甲寅	水	危	四綠	角	四八 小過	宜 開光 訂婚 嫁娶 安機器 拆卸 起基 裝潢 上樑 安灶 入宅 掛匾 開市 立券 入殮 除服 撿骨 安葬 ●忌上官安門	沖猴 煞北 48歲	占門爐外東北	卯午未
7	星期五	歲合 母倉 ◑下弦10時03分	廿三 勿探病	乙卯	水	成	三碧	亢	三八 旅	宜 祭祀 剃頭 拆卸 入殮 成除服 移柩 撿骨 安葬 立碑 謝土 ●四絕凶日 應遵監歷 凡事少取 無註弗妥	沖雞 煞西 47歲	碓磨門外正東	子卯巳午未
8	星期六	關聖帝君聖誕 西秦王爺千秋 雷祖大帝聖誕 南極大帝聖誕	廿四	丙辰	土	成	二黑	氐	二八 咸	宜 節後：祭祀 開光 訂婚 會友 拆卸 動土 ◎節前少取 上樑 入宅 掛匾 開市 ◎烏兔太陰丑時 節後多宜	沖狗 煞南 46歲	廚灶栖外正東	子卯巳午申
9	星期日	月德合 天福	廿五	丁巳	土	收	一白	房	一八 遯	宜 祭祀 祈福 解除 訂婚 裁衣 會友 安床 開市 立券 開倉庫 出貨財 ●開光入宅嫁娶安葬	沖豬 煞東 45歲	倉庫床外正東	子卯巳午未
10	星期一	天德合 大進日 二郎元帥聖誕	廿六	戊午	火	開	九紫	心	九七 師	宜 祭祀 祈福 訂婚 裁衣 嫁娶 會親友 進人口 起基 除服 移柩 ●不宜上官蓋屋入宅安灶	沖鼠 煞北 44歲	房床碓外正東	卯辰巳午未
11	星期二	大偷修日 修灶凶日	廿七	己未	火	閉	八白	尾	八七 蒙	宜 祭祀 會友 嫁娶 動土 開池 補塞 斷蟻 入殮 成除服 移柩 破土 ●忌開光出行上樑入宅	沖牛 煞西 43歲	占門廁外正東	卯巳午未申
12	星期三	歲德 天貴 ◎末伏	廿八	庚申	木	建	七赤	箕	七七 坎	宜 祭祀 出行 裁衣 冠笄 嫁娶 進人口 安砱 掃舍宇 ●忌入宅齋醮	沖虎 煞南 42歲	碓磨爐外東南	卯辰巳午未
13	星期四	玉皇鑾駕	廿九	辛酉	木	除	六白	斗	六七 渙	宜 祭祀 解除 裁衣 拆卸 動土 裝潢 上樑 安門床 開池 入殮 移柩 破土 撿骨 安葬 立碑 ●忌嫁娶入宅作灶	沖兔 煞東 41歲	廚灶門外東南	子辰巳午未
14	星期五	●朔22時53分 月德◎麒麟日	農曆七月大 初一	壬戌	水	滿	五黃	牛	中五禽	宜 解除 剃頭 訂婚 裁衣 會友 安機器 拆卸 起基 裝潢 上樑 安門 造倉庫 牧養 納畜 ●楊公忌日 ●忌入宅	沖龍 煞北 40歲	倉庫栖外東南	卯巳午申
15	星期六	天德 普護	初二	癸亥	水	平	四綠	女	四七 解	宜 沐浴 作灶 平治道塗 ●本日凶多吉少 凡事少取	沖蛇 煞西 39歲	占房床外東南	卯辰午

立秋

日出：上午五時廿四分

臺灣：寅時四時〇一分

日沒：下午六時三五分

植種

北部：烏豆、白豆、大蔥、大豆、早芹菜、花椰菜、甘藍

中部：茄子、蕃茄、芹菜、芥藍菜、甘薯

南部：芥菜、甘薯、玉薯黍、菴瓜

撈漁

基隆：棘鬣魚、卓鯤、目吼、鰛魚

淡水：鰛魚

澎湖：沙魚、龍尖、鰛魚

時	己丑日時局	己卯日時局	己巳日時局
子	大進 羅紋 合貴	大進 貴人 司命	大進 貴人 白虎
丑	唐符 不遇 朱雀	武曲 勾陳 不遇	三合 玉堂 不遇
寅	喜神 金匱 天兵	喜神 青龍 天兵	喜神 天官 天兵
卯	天赦 寶光 天德	天赦 明堂 日建	天赦 貪狼 元武
辰	進貴 白虎 六戊	雷兵 天刑 六戊	司命 雷兵 六戊
巳	三合 玉堂 帝旺	日馬 朱雀 大退	帝旺 勾陳 大退
午	祿貴 交馳 地兵	金匱 日祿 地兵	青龍 日祿 地兵
未	日破 大凶 旬空	三合 寶光 福星	明堂 福星 武曲
申	司命 貴人 路空	羅紋 交貴 路空	羅紋 交貴 路空
酉	三合 長生 路空	日沖 大凶 路空	三合 長生 路空
戌	青龍 進貴 日刑	天地 合局 天牢	金匱 福德 旬空
亥	明堂 日馬 不遇	三合 進祿 不遇	日沖 大凶 不遇

農民曆記載著每日行事宜忌原則／李秀娥 提供

清明掃墓供祖先享用的飯菜／謝宗榮 攝

而東晉葛洪的《抱朴子．地真》（內篇卷十八）談到：「師言欲長生，當勤服大藥；欲得通神，當金水分形，形分則自見其身中之三魂七魄，而天靈地祇，皆可接見，山川之神，皆可使役也。」[6]意思是說師長教導弟子人若希望獲得長生，必須勤快的服用丹藥，想要修練到可以通神的境界，則要將天和地作用在人的身上所產生的金和水等五行分別開來，道家則強調以呼吸吐納修練神炁來集聚金水，若能修練到身中金水分形，則能靈顯通神，明瞭身中三魂七魄的奧祕，而天上的神靈與地祇，也可感應顯現，山川大地的神靈，也可供其駕馭使喚了。

又《雲笈七籤．魂神．說魂魄》（卷之五十四）也記載著：「三魂者：第一魂胎光，屬之於天，常欲得人清淨，欲與生人延益壽，筭絕穢亂之想，久居人其中，則生道備矣；第二魂爽靈，屬之於五行，常欲人機謀萬物，搖役百神，多生禍福災衰刑害之事；第三魂幽精，屬之於地，常欲人好色嗜慾，穢亂昏暗，耽著睡眠。」[7]所以胎光屬天，有助於人的清靜修練與延壽長生之道；爽靈屬五行，會使人貪圖萬物，想要駕馭身中或外界所擁有的眾神，因此常會生出禍害災殃與刑獄之事；而幽精屬地，使人喜好色欲生出淫亂之事。所以人要常常守住三魂的形神修練，勿使其產生禍害不利之事。

所謂七魄，在《雲笈七籤．魂神．制七魄法》（卷之五十四）指出：「其第一魄名尸狗，其第二魄名伏矢，其第三魄名雀陰，其第四魄名吞賊，其第五魄名非毒，其第六魄名除穢，其第七魄名臭肺，此皆七魄之名也，身中之濁鬼也。」[8]在傳統觀念中，三魂七魄中的魂屬陽，魄屬陰，所以人在生命結束後，魂歸於天，魄藏於地。

一般民家的神明廳堂，供有神明和祖先牌位／謝宗榮 攝

而台灣漢人對於生命現象的認知，大致上是：身體是個小宇宙，天地是個大宇宙，陰陽二氣相生相循，綿綿不斷。宇是上下四方，宙是古往今來，如能調練身體的小宇宙與天地大宇宙交相滲融，就能體驗到自己渺小的生命與宇宙的大生命合而為一，亦即古代聖賢所謂「民胞物與」、「天人合一」的最高修練境界。

一般民家的神明廳堂／謝宗榮 攝

江逸子繪《地獄變相圖》之餓鬼獄／謝宗榮 攝

善惡與幽冥界

儒家認為人到死亡時則魂歸於天，魄歸於地，回到祖先的行列中。道教則有得道者位列仙班之說，又分上品仙（天仙）、中品仙（地仙）、下品仙（屍解仙）；晚期受佛教影響以為不得道者會受地獄閻王的審判。佛教則有六道輪迴（天人、阿修羅、人道、地獄道、餓鬼道、畜生道）之說。

民間信仰中深信，人死亡後的三魂，一條歸神主牌，一條歸墓地，一條則歸地獄接受審判或是去投胎，相信人死後有閻王地獄審判之說，此種俗信對一般大眾的影響非常深遠。

但是也有道教徒深信上述三魂中並沒有固定的一魂固守墓地或神主牌的，因為作功德中三魂七魄經水火煉度後，便是尋求三魂七魄皆要統一起來，而非魂飛魄散的散亂狀態，死後三魂統一也會四處遊走，有時回到墓地看一看，有時回到神主牌或祖先牌位中關心一下家人的狀況。[9]

地獄為印度古代輪迴信仰中，專司人死後審判的幽冥界。地獄的觀念在佛教傳入中國之後，逐漸為漢人所普遍接受。原為佛教中地獄之主的閻羅王，亦逐漸本土化，掌管地府，職司獎懲，共有十殿。據《玉歷寶鈔》、《閻王經》合載：一殿秦廣王、二殿楚江王、三殿宋帝王、四殿五官王、五殿閻羅王、六殿卞城王、七殿泰山王、八殿都市王、九殿平等王、十殿轉輪王等。在超度法會時，常掛於壇場兩旁，用以象徵人死後所須面對的閻王之審判。

江逸子繪《地獄變相圖》第五殿閻羅天子／謝宗榮 攝

江逸子繪《地獄變相圖》修仙成道者通過金橋，或大善功德善果者過銀橋／謝宗榮 攝

江逸子繪《地獄變相圖》頑劣惡者通過奈何橋／謝宗榮 攝

江逸子繪《地獄變相圖》將投胎轉世者飲下孟婆湯忘卻前生事／謝宗榮 攝

十殿中一殿專司人間夭壽生死，統管幽冥吉凶，決定受審之人超生或發獄；二殿司掌活大地獄，凡傷人身體、姦盜殺生者發入此獄；三殿宋帝王，司掌黑繩大地獄，凡忤逆尊長、教唆興訟者發入此獄；四殿五官王，司掌和大地獄，凡抗糧賴租、交易欺詐者發入此獄；五殿閻羅王，本居第一殿，因帝憐其屈死，屢放還陽伸雪，降調此殿，司掌叫喚大地獄，凡世上本家因罪遭殃者發入此殿；六殿卞城王，司掌大叫喚大地獄，凡怨天尤地、對北溺便涕泣者發入此獄；七殿泰山王，司掌熱惱地獄，凡取骸合藥、離人至戚者發入此獄[10]；八殿都市王，司掌大熱惱大地獄，凡在世不孝、使父母翁姑愁悶煩惱者發入此獄；九殿平等王，司掌酆都城鐵網阿鼻地獄，凡殺人放火、斬絞正法者發入此獄；十殿轉輪王，專司各殿解到鬼魂，分別善惡、核定等級後，發四大部洲投生，凡發往投生者，先令喝下孟婆湯，使之忘卻前生之事。[11]

道教東宮慈父太乙救苦天尊，
專門超拔亡者與孤幽
／謝宗榮 攝

所有的亡魂經過各殿閻王的審判，在孽鏡台前，生前所行之善惡事蹟一一顯現，無法諉飾，並公平地依照生前的善惡功過，最後來到第十殿的轉輪王處，喝下孟婆湯，忘了前生之事，而會分別通過地獄的金橋、銀橋、玉橋、石橋、木板橋、奈何橋，而各自投胎到其應去之處。

據說亡魂身故後，每七日會歷經一殿閻王的審判，到了七七四十九日，正好來到第七殿的泰山王處，而到了七九六十三天時，第九殿已將審判完畢，功過大致判定，已準備發送第十殿的轉輪王，好發送轉世投胎等。所以凡是要進行喪禮功德、牽水⿰車藏、血⿰車藏，祈求懺悔赦罪等，最好皆能在進入第九殿前便需完成，以免進入第十殿時，已經來不及作功德求赦罪了。[12]

《玉歷寶鈔》內第十殿轉輪王「殿居幽冥沃礁石外，正東直對世界五濁之處。」／改繪自《玉歷寶鈔》

陰陽與輪迴

所以，漢人對生命的看法：天地萬物由陰陽二氣合和而生，相生相循，人身體之陰陽二氣和諧均衡，則人不生百病，但是人之先天元靈是陽氣勝於陰氣，道家修練之人則強調要去陰還陽。而一般人身體擁有三魂七魄，魂魄安穩，則神形自然，合乎健康之道；若魂魄不安，神形亦不安，容易招惹邪祟，導致運途不順或是身體疾病，往往需透過傳統宗教人員，像道長、法師、乩童、先生媽等執行安頓神形的儀式，如收驚、收魂、驅邪、祭改（祭解）等，以使人身心獲得安頓，信眾也因此更加肯定神靈慈悲護佑的美意，誠心為神靈之信仰與宣道服務奉獻，使得傳統禮俗文化綿延不絕。[13]

人自從誕生以後，便會隨著個人經歷而體驗生、老、病死的幾個階段，死亡是生命的終結，任何一個人都逃不過死神的召喚。在傳統宗教方面，不同宗教傳承著不同的說法，如佛教認為得道者進入涅槃靜寂的世界，或是往生西方極樂世界，大多數人則是隨著因果業報而落入六道輪迴。而初死者其靈魂則屬「中陰身」狀態，所以在此時期強調家屬不應過度傷悲，而要好好念佛號或誦經，幫助亡者的靈魂可以較平靜祥和的蒙佛菩薩的接引，往生西方極樂世界。

至於傳統道教的說法，認為生前若德行修為相當良好者，虔心修道而得道者，則可位列仙班，至於未得道者則魂飛魄散，化為烏有。原本道教無輪迴之說，後來歷朝受到佛教傳入中國的影響後，則有未得道者隨生前因果業報受地獄閻王審判之說。對亡者行超薦法會或普度時，道教的宗教執事人員

第五代姪玄孫，身著紅色孝服孝帽／李秀娥 攝

往往是祈請東宮慈父太乙救苦天尊來度化亡靈與孤魂滯魄，使其聽經聞懺，開悟解脫，超昇仙界或到天界的東極妙嚴宮，那也是青華帝君太乙救苦天尊居住的仙界，也有的是超薦亡者與孤魂滯魄到生方的，重新投胎轉世為人或其他動物、飛禽等，換個新肉體重啟另一段修行的新人生。

南部靈寶道派作功德時有一段唱誦很動人的「救苦號」或稱「青華號」，即是作「早朝道場」或「見靈」時唱誦的：

青華長樂界，東極妙嚴宮。
七寶芳騫林，五色蓮花座。
萬真還宮內，百億瑞光中。
玉清靈寶尊，應化玄元始。
浩劫垂慈濟，大開甘露門。
妙道真仙，紫金瑞相，隨機赴感，誓願無邊。
大悲大愿，大聖大慈，十方化號，超度亡靈，太乙尋聲救苦天尊。[14]

其內容為讚頌青華帝君太乙救苦天尊的天宮妙嚴宮，以及救苦天尊大開甘露門，慈悲救濟諸亡靈，而亡靈則仰賴救苦天尊的拔苦救度，早日超昇。

至於民間信仰者，因受到儒釋道三教的綜合影響，也有受地獄閻王審判，以及輪迴轉世之說。亡魂初死進入陰間地府，作奸犯科之人，會落入陰間受各式果報與刑罰；生存的環境淒苦濕寒，道德修為較良好的則可以進入聖賢院繼續修行，準備再度轉世投胎到較好命的家庭；至於功過普通者在等待轉世投胎前，還可以享受靈界的生活，彷如陽世間有市集、或是從事生意買賣或是專心修行。

喪家門楣張貼的飛聯／謝宗榮 攝

傳統禮儀之精神

在傳統的習俗上，自從出生、成年、到結婚都有不同的生命禮儀來協助人通過這種生命過渡儀式，當然面對生命的終結——死亡狀態，也有一套非常嚴謹的禮儀，來協助死者及其家屬與社會，接受亡者已真的離開人世的事實。孔子《論語．為政第二》曰：「生，事之以禮。死，葬之以禮，祭之以禮。」[15]意即父母在世時，做子女的要以符合禮節的方式來奉養與服侍父母，當父母過世後，要符合禮節的精神來舉辦葬禮，死後對於父母的祭祀，也要符合傳統禮節，這才不失孝道精神。《禮記．祭統第二十五》（卷八）亦云：「孝子之事親也，有三道焉，生則養，沒則喪，喪畢則祭；養則觀其順也，喪則觀其哀也，祭則觀其敬而時也。」[16]所以孝子奉養父母，有三種原則，父母還在世時，則盡心奉養，父母逝世了，則舉行喪禮，喪禮結束了，則如期祭祀；奉養父母時，觀察孝子是否會順從父母之意，喪禮時觀察孝子是否發自內心的表現哀傷，祭祀父母時，是否具有虔敬之心，並時時思念父母。

民間普遍流傳的「勸世文」也非常鼓勵傳統的孝道精神：

父母恩情似海深，人生莫忘父母恩。
生兒育女循環理，世代相傳自古今。
為人子女要孝順，不孝之人罪逆天。
家貧才能出孝子，鳥獸尚知哺乳恩。

喪家靈位，供有魂帛、魂身和一對桌頭嫺／李秀娥 攝

父子原是骨肉親，爹娘不敬敬何人。
養育之恩不圖報，望子成龍白費心。

這是鼓勵父母尚在人世時，做子女的要懂得感恩父母的生育恩情似深海，懂得克盡孝道的奉養與噓寒問暖。

民間另有所謂的「醒世文」則提醒世人「樹欲靜而風不止，子欲養而親不待」般的無奈：

父母不親誰是親，不重父母重何人。
你若重他十六兩，後代兒孫還一斤。
千兩黃金萬兩銀，有錢難買父娘身。
在堂父母百年稀，生時不孝死徒悲。
在生之時不敬重，死後空勞拜孤墳。
在家不可言相激，一旦拋離更不回。
要見面時難得見，要他歸時難得歸。
若要父母重見面，除非三魂夢裡隨。
勸君趁早行孝道，定保兒孫世代芳。

上述「醒世文」便是道盡父母離世後，骨肉分離難再相見，除非夢裡相隨。為人子女生時不孝，待父母往生後，才費勞空拜孤墳又有何意義？

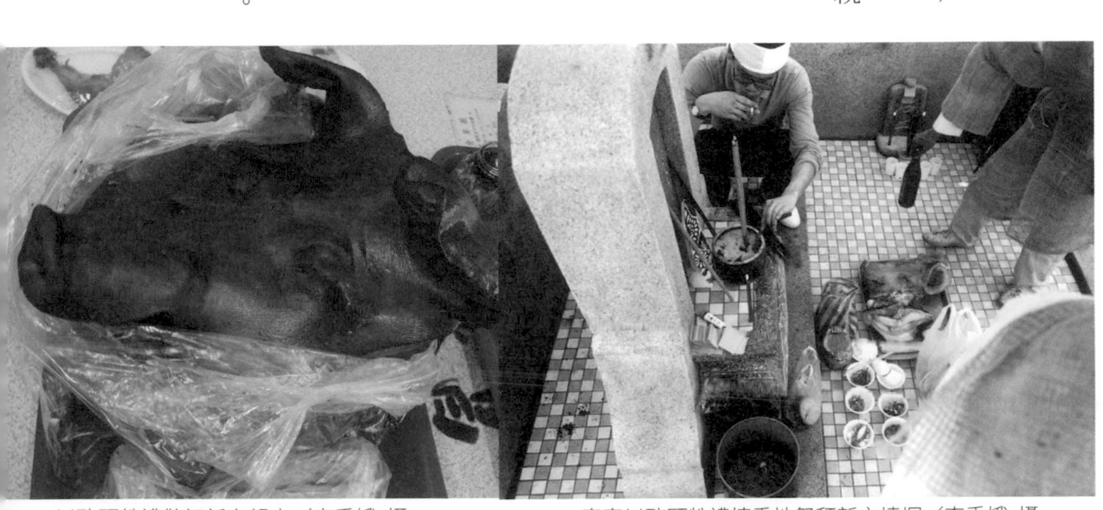

以豬頭牲禮敬祀新亡親人／李秀娥 攝

喪家以豬頭牲禮慎重地祭拜新亡墳塚／李秀娥 攝

釋教法師主行開光退愿儀式，孝孫拉五色繩解結／謝宗榮 攝

台南佳里林清隆道長主科獻敬功德／謝宗榮 攝

這也與民間俗諺：「在生時一粒土豆，勝過死後一顆豬頭。」意境相同，意思是說雖然父母健在時，只是孝敬他們一粒花生米，也勝過父母往生後，才以豬頭作為豐盛的牲禮供品來敬奉，但他們已經無法親自享用。所以克盡孝道要趁早，要趁父母仍健在時，便要敬重他們，孝養他們。及至父母亡故，再以符合禮節的方式來舉行喪禮與祭祀，這便是真正的孝子孝女的儀節，也盡到儒家所強調的孝道精神。

台灣喪葬禮俗源流

台灣漢人族群主要由中國閩（福建）、粵（廣東）一帶移民入台，在移墾生活日趨穩定後，也自原鄉引進傳統的喪葬禮俗與度亡儀式。清康熙五十九年（一七二〇）王禮主修，陳文達編纂《台灣縣志》〈輿地志一．風俗〉記載著：

夫禮有吉，必有凶。父母歿，散髮跣而哭；置床，遷尸梳洗，殮以新服，扶坐堂中哭祭，曰辭生。蓋謂音容永隔，後此不可復睹也。親朋畢至慰問，曰問喪；問其喪事俱備也。具訃音聞於親友，擇吉成服，朝夕奠哭無時；三旬，女婿致祭；親友祭，不拘時。除靈之後，分胙謝弔。期年後數月，隨擇吉日，為大祥之祭；實未及大祥之期也。三年之內，遇朔望，朝夕哭；除服乃止。俗多信佛，延僧道，設齋供，誦經數日，弄鐃破地獄，云為死者作福。卒哭後，葬有期，開堂三日，親友行弔禮；至期，扶柩登車，結綵亭、張鼓樂，童子執旛鳴鐃，親朋素服送於道左，出門則行路祭之禮。葬畢，迎主而歸，謂之反主；親朋仍素服拜迎，陪行至家，更吉服入拜，亦有辭而不受者。三日，備牲醴到墳謝土，俗云福三。此之謂喪葬之俗。17

台南喪家門口高壽亡故，採大紅色喪燈來布置／謝宗榮 攝

南部喪家門口因高壽而亡，採摺紙粉紅色喪燈來布置／謝宗榮 攝

而成書於日治初期的《安平縣雜記》〈風俗附考〉也記載著：

> 喪禮，七日內成服，為頭旬，名曰「頭七」。有力之家，請僧道誦經者，名曰「開魂路」。其餘七日為一大旬。富厚之家，或五旬、或七旬、或十一旬、始做完滿功德。撤靈卒哭。凡做旬，延僧道禮佛，焚金楮，名曰「做功果還庫錢」。俗謂：人初生，欠陰庫錢，死必還之。既畢，除靈。孝子卒哭，謝弔客。家貧，或於年餘，擇日做功果除靈。小祥致祭如禮；大祥竟有先三、四月擇吉致祭除服，此則悖禮之尤者。若夫居喪，朔望哭奠；柩無久停，則又風俗之美者矣。[18]

可知台灣民眾傳統的喪禮習俗自明清以來，歷經日治時期的異族統治、以至台灣光復後國民政府來台，傳統的喪禮習俗仍延續不墜，淵遠流長。即使面對二十一世紀的新世紀，雖然喪禮習俗會配合現代化工商社會，而有日趨簡易的情形，然而有些基本的結構、型式與其義理，仍不會有太大的差異。我們依然可以見到保留許多傳統喪禮特色的地方。除非是新式或西化的喪禮型式，才會展現出因應新時代的需求，而呈現出另一種環保式的喪禮型式。

以往生紙摺成的往生法船，超度亡者前往西方極樂世界／謝宗榮 攝

喪禮小百科面面觀

本書中的內容，主要分二大項：「台灣漢人傳統的魂魄觀和喪禮淵源」；「祭祀用品」；「喪禮的相關項目」。其中最重要的便是「喪禮的相關項目」，有關台灣地區目前民間所通行的喪禮習俗與項目，到喪禮後對亡故者的歲時祭祀活動的重要項目，主要區分為十二個部分來介紹：

一、臨終及歿後的處理；
二、發喪；
三、治喪；
四、殯禮；
五、葬禮；
六、居喪；
七、除喪；
八、撿骨（撿金）；
九、祭祖；
十、墓與墓園；
十一、其他的傳統葬禮；
十二、現代化喪禮，

以上各個階段都有十分重要的禮儀習俗。

這也是繼筆者在多年的生命禮俗和禮儀的研究生涯中，隨緣逐步累積更

魂斗內裝有亡者的魂帛，和孝子、孝孫敬獻的孝杖／謝宗榮 攝

殯儀館中的告別式，南管絃友披紅奏樂獻唱以示哀悼／李秀娥 攝

告別式家奠酹酒用的茅沙盆／謝宗榮 攝

多台灣喪禮的內涵與田野調查之後，奠基於多位前輩的研究基礎下，所重新整理增補出來的一份實用而簡易的工具書。此外，配上筆者夫婦和友人熱心提供的彩色配圖，輔佐文意，希望可以幫助有興趣的讀者，可以更加一目了然且能理解，我們每個人的一生都會碰到的喪葬禮俗。瞭解了新、舊喪禮的儀式程序與項目，心理也預先準備好了，自然能夠擁有一個莊嚴而安寧的喪禮，讓我們能夠以平靜喜悅的心，來面對自己本身和親友生命的終點。上一段生命的結束，也是另一個新生命的起點，開啟了新的人生功課的學習點，且讓我們皆能好好把握現在所擁有的人生之每個當下，過一段幸福喜悅、美滿歡樂的人生，一旦生命終點來臨時，自然能夠無怨無悔平順的滑過這道生命關卡，邁向另一段新的生命里程碑。

喪禮祭祀用品篇

喪禮的舉行過程中，有諸多繁複的儀式與活動，皆需用到隆重的祭祀用品與金銀紙來敬獻給所祈求的神佛或先亡的祖先靈、新亡的親人，甚至是慈悲的超薦孤魂滯魄等好兄弟。所以在喪禮上的用品可區分為（一）祭祀用品；（二）金銀紙兩大項，並分門別類說明之。

一 祭祀用品

二 金銀紙

祭祀用品

祭祀用品為祭祀神佛、祖先靈、新亡親人、好兄弟等所敬獻的供品。以下分別就三牲、小三牲、四牲、五牲、四果、五果、茶酒、菜碗、六齋、十齋、十二齋、五味碗（便菜飯）、文頭粿（筆架和文頭）等項目來做說明。

三牲 / 謝宗榮 攝

麵包素三牲 / 李秀娥 攝

三牲

用於祭拜一般神明，或是新墓完工謝后土、敬祖先時。

五牲中任選三種，通常為三層豬肉、全雞、全魚（或全鴨）。三牲的擺法：面對神明，三層豬肉為中牲，左雞、右魚。雞頭向神明，一般漳州人將魚頭向著神明，同安人將魚尾向著神明。用於祭拜一般神明時，不必完全煮熟，以全副來拜，表示與神明關係半生熟。而祭拜祖先時，則多會煮熟切成塊狀，表示與祖先的關係較熟。另有新墓完工謝后土、敬祖先時，也用三牲。民間敬神的牲禮忌諱用病死的動物和水產，也忌諱用牛肉、狗肉來敬拜。[19]民間也有強調慈悲不殺生者，改以豆類製或麵粉塑的素三牲來祭拜。

小三牲

用於消災厄謝外方（指遊方亡魂）、犒將、喪禮路祭。

比三牲小一點的祭品，為一小塊豬肉、雞蛋、魚（或豆干）；或一小塊豬肉、麵干、豆干（拜豆乾音同「官」，有做大官之意）。用於消災厄謝外方（指遊方亡魂）、祭五鬼、祭白虎煞、犒將、喪禮路祭時所用。[20]

豆製三牲 / 李秀娥 攝

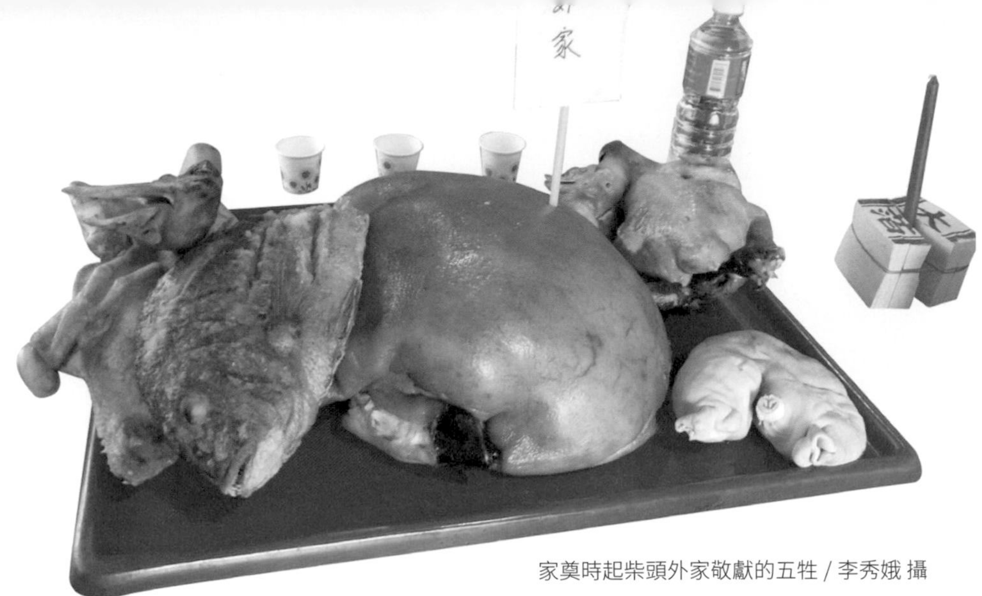

家奠時起柴頭外家敬獻的五牲 / 李秀娥 攝

四牲

可用於喜慶、歲時祭祀或神誕。因「四」為偶數，故喪事忌諱用四牲。

一大條豬肉、全雞、全鴨（或鴨蛋）、一味海鮮（如蝦、蟳、蝦捲、乾魷魚（即「春乾」））。四牲的擺法：豬肉、雞居中間，鴨和海鮮擺兩側。可用於喜慶、歲時祭祀或神誕。因「四」為偶數，故喪事忌諱用四牲；又「四」在民間被視為同「死」，故一般少用之。[21]

五牲

主要用於祭拜玉皇上帝、三官大帝等尊貴神明；通常用於婚喪祭典、還願等。

五牲較三牲的祭品更隆重，為全豬或豬頭尾（用豬頭需附豬尾，象徵全豬）、全雞、全鴨、全魚、蝦子（或豬肚、豬肝）。五牲的擺法不同，豬擺中間為「中牲」，雞鴨擺兩側為「邊牲」，魚蝦擺後面為「下牲」或「後牲」。主要用於祭拜玉皇上帝、三官大帝等尊貴神明的下桌，即敬獻給祂們的部屬神，否則頂桌是清素的齋品；通常用於婚喪祭典或還願時。[22]民間也有強調慈悲為懷不忍心殺生者，改以豆類製或麵粉塑的素五牲來祭拜。

四季天然水果也是敬獻祭拜的供品之一 / 王顧明 繪

四果

用於祭神、拜祖先等，忌用番石榴、番茄、釋迦三項水果。

民間祭拜盛行備水果敬祀神明和祖先，「四果」為春、夏、秋、冬四時時令水果，如各種天然水果：鳳梨、香蕉、蘋果、梨子、甘蔗、橘子、芒果、龍眼、香瓜、哈密瓜、葡萄、火龍果等，也有民眾是揀選四樣水果敬獻祭拜，而任選四樣一同祭祀，也稱為「四果」。

用於祭神、拜祖先等祭拜，民間傳統習俗上忌用番石榴、番茄、釋迦等三項水果，因為傳說番石榴、番茄的種子會連同果肉一起吃進去，之後會隨著排泄物一起排出來，並且隨處生長，屬於較低賤的水果，這樣對神明不敬。水果釋迦則因形狀與釋迦牟尼佛的頭上髮髻相同，而得名，以此水果來敬其他神明，怕對佛陀不敬，而一般神明也擔待不起。

民間又有喪禮中治喪奠祭不可拜香蕉，因香蕉之「蕉」台語為「招」音，怕有再度招來喪事的不吉利事。民間也有祀神拜祖不可拜蓮霧之說，因蓮霧之台語音「連霧」，有不明之意，屬陰，不是好吉兆。[23]也有人說李子不可拜神，因道德天尊太上老君，姓李，名耳，人們多稱其老子，人們怕拜李子，對其不敬。

五果與金銀紙 / 李秀娥 攝

五果

用於祭神、拜祖先等，忌用番石榴、番茄、釋迦三項水果。

民間祭拜盛行備水果敬祀神明和祖先，揀選春、夏、秋、冬四時時令水果，如各種天然水果：鳳梨、香蕉、蘋果、梨子、甘蔗、橘子、芒果、龍眼、香瓜、哈密瓜、葡萄、火龍果等，揀選五樣水果敬祀，即為「五果」。

茶酒

用於民間祭祀神明、佛菩薩、祖先、好兄弟等時。

民間祭祀神明、佛菩薩、祖先、好兄弟等時，會用茶或酒。一般敬茶以三杯為準，至於敬酒也以三杯為準，這有天、地、人三才之意；也有說供五牲敬五杯，供三牲，敬三杯。但也有祭祖時，以五杯、七杯、九杯、十一杯的。這有將祖先和天將天兵一起敬奉之意。若是祭好兄弟時，有用五杯、七杯、十杯或更多的，有請各方好兄弟享用之意。若是長期固定供奉的敬茶，一般是每日早晚更換，或是初一、十五和三、六、九日更換的，也有終年不換的，也有更講究的是每日早、午、晚各換一次的。至於若是臨時應節而祭拜的，則是當日祭拜時連斟三次即可，有的供茶，不是以充泡的茶水，而是以乾茶葉敬奉，稱為「乾茶」。等祭拜完供桌快撤時，則將茶水、酒留一杯灑一圓圈在已燒化的銀紙灰上，有「酹祭」之意，表示金銀紙到另一個世界不會散掉，神明、祖先或好兄弟都有收到。其餘敬祀過後的茶、酒則可以給家人或信徒喝，有賜福保佑平安之意。敬酒時，要用未開封全新的酒，才表示尊敬。[24]

菜碗是供俸於頂桌上的素菜或乾料供品
/ 王顧明 繪

菜碗

用於祭祀佛教神佛，如釋迦牟尼佛、觀世音菩薩、彌勒佛；或道教的玉皇上帝、三官大帝。

為拜天公時供奉於頂桌上清素的供品，以小碗盛裝，故稱「菜碗」或「齋碗」，慎重些的會準備十二道的「十二齋」，一般民家初九拜天公則可準備六道的「六齋」。頂桌和下桌的特色也不同，頂桌是獻給最尊貴的天公，以清素的齋品為主；下桌是獻給天公的部屬神明，因而是以三牲或五牲等葷食為主。所謂菜碗即乾料或素菜，如香菇、金針、豆皮、木耳、紅豆、黃豆、花生、海帶、豆干、蘑菇、芋頭、麵筋、素雞等類，任選六道者為「六齋」，若備十二道即為「十二齋碗」（菜碗）。菜碗一般可備六道、十二道，若較講究者可備到二十四道或三十六道。[25]

三茶五酒
/ 李秀娥 攝

六齋碗 / 李秀娥 攝

六齋

用於祭祀佛教神佛，如釋迦牟尼佛、觀世音菩薩、彌勒佛；或道教的玉皇上帝、三官大帝。

為拜天公時供奉於頂桌上清素的供品，慎重些的會準備「十二齋」，一般民家初九拜天公則可準備六齋。頂桌和下桌的特色也不同，頂桌是獻給最尊貴的天公，以清素的齋品為主；下桌是獻給天公的部屬神明，因而是以五牲等葷食為主。頂桌為紮上紅紙的麵線三束（代表長壽）、薑和鹽（代表山珍海味）、五果（五種水果）、六齋（六種素料）或菜碗十二（稱為十二齋），以及紅圓、紅牽（紅乾）等，南部有加上糖塔、糖盞等。

所謂六齋即乾料或素菜六道，如香菇、金針、豆皮、木耳、紅豆、黃豆、花生、海帶、豆干、蘑菇、芋頭、麵筋、素雞等類任選六道，若備十二道即為十二齋碗（菜碗）。菜碗可備六道、十二道、二十四道或三十六道。其中有較講究者，必在六齋或十二齋的菜碗，敬備「五行」元素的素料菜碗，亦即以金針（代表金）、木耳（代表木）、冬粉（代表水）、紅棗（代表火）、花生（土豆）（代表土）等，民間也有人將此五行齋碗，稱為「五齋」。

而下桌的葷食供品為五牲（如全雞、全鴨、全魚、全豬、全羊，亦有用魚卵、豬肉或豬肚、豬肝代表的），由於拜尊貴的天公之部屬，所以牲禮多強調生而全的，所以只要稍微汆燙熟即可；此外，還有麵龜、甜料（如米棗、甜糕、生仁）等。[26]

六鹹六甜十二齋碗 / 李秀娥 攝

十齋

用於祭祀佛教神佛，如釋迦牟尼佛、觀世音菩薩、彌勒佛；或道教的玉皇上帝、三官大帝。

這是台灣正一禪和道派於祭拜道教神明時，所敬備的十樣素食齋碗，有分「五鹹」和「五甜」或是「五濕」和「五乾」者，「五鹹」可為五樣炒過加了鹽巴或醬油的菜碗，如炒香菇、豆皮、金針、木耳等，「五甜」則為甜紅豆、糖果等。上述炒過的五鹹亦可稱為「五濕」；五樣甜料乾燥的齋碗，如乾豆輪、豆皮，亦可稱為「五乾」，亦或放置五樣未煮過的豆類，如紅豆、綠豆、黑豆、黃豆、薏仁，或是乾香菇、乾金針、冬粉、綠豆、乾木耳等。

十二齋

用於祭祀佛教神佛，如釋迦牟尼佛、觀世音菩薩、彌勒佛；或道教的玉皇上帝、三官大帝。

這是台灣道教廟宇於天公生或三元節時，敬拜天公或三界公時所敬備的頂桌齋碗（菜碗）供品，簡單者有供六齋的，一般普遍是供十二齋，即是十二樣的素食菜碗。其中有較講究者，必在六齋或十二齋的菜碗，敬備「五行」元素的素料菜碗，亦即以金針（代表金）、木耳（代表木）、冬粉（代表水）、紅棗（代表火）、花生（土豆）（代表土）等，民間也有人將此五行齋碗，稱為「五齋」的。

拜祖先的便菜飯 / 李秀娥 攝

五味碗

(便菜飯)

即一般的家常菜餚用來敬祀祖先和地基主、好兄弟等，不用特別講究烹調，因屬一般「酸、鹹、甜、辣、嗆」等口味，所以又稱「五味碗」或「便菜飯」、「飯菜」。祭祖時，要較拜地基主、拜門口好兄弟來得豐盛，以切盤的豬肉、雞、鴨、魚等，加上烹煮的菜餚，合成十道或十二道，再供上主食米飯或麵條。用於祭祀孤魂滯魄的門口好兄弟、地基主時：較不講究，用白米飯、四五碗或五、六碗菜餚和水酒即可。[27]民間也有人將「五味碗」與「便菜飯」分開講，認為五味碗供地基主和孤魂，便菜飯的飯菜供祖先。

用於祭祀祖先、孤魂滯魄。

台北市如圓乳狀的文頭 / 謝宗榮 攝

作旬時孝子孝孫敬奉的筆架（右）和女兒敬獻的圓形文頭（左）/ 謝宗榮 攝

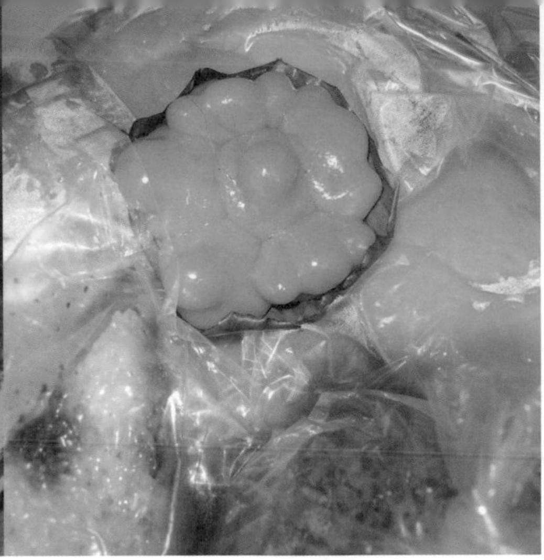

南投市粉紅色文頭粿，有代表女兒敬獻的文頭和孝男敬獻的筆架 / 李秀娥 攝

每逢作七的祭品，孝女所敬奉的文頭山最上層為圓形或圓乳形，而俗稱為「文頭」。

文頭粿

（筆架和文頭）

這是喪禮中「作七」或「作旬」時，由孝子、孝女、孝長孫所敬奉新亡祖先的祭品，製作材質有分粿製或麵粉製。例如南投一帶的文頭粿，會以類似粉紅龜粿顏色般的作法，呈平面微微凸起有圓乳狀的文頭和山形的筆架，圓乳狀的「文頭」，則為女兒所敬獻；山形的「筆架」則為孝子和孝長孫所敬獻。而北部則有灰微綠的粿色製做成圓乳狀，中間特別點上一紅圓點，也是俗稱「文頭」。

若為麵粉製者，類似圓形多層供品，具有白色饅頭般的口感，共有五層，底層較大，越上層越小。孝子和孝長孫所敬奉的文頭山，最上層為一座有三座連綿山峰的「文頭山」，像筆架形的，俗稱「筆架」。孝女所敬奉的文頭山最上層為圓形或圓乳形，而俗稱為「文頭」。「文頭山」亦有寫為「麵頭山」，男性子孫送的稱為「子孫山」，女兒送的稱為「女兒山」。

凡有幾位孝子、孝女加一位孝長孫，則須敬奉幾座筆架和文頭。當「作七」祭拜結束後，孝子女、孝長孫各自吃掉所敬奉文頭山的最上層，而敬拜亡者的文頭粿會從中間剖開，「作旬」時敬奉十殿閻王的文頭粿則為完整的，以示閻王與亡者身分的高低不同。

金銀紙

喪禮中敬獻給神明或祖先靈、新亡親人、或是好兄弟等的金銀紙，供作神明或祖先、好兄弟等於天界或靈界、冥間所通行使用之錢幣。在此介紹天金（頂極金）、大箔壽金（太極金）、天尺金、盆金（滿面）、壽金、刈金、福金、四方金、九金、儿銀、大銀、小銀、五色紙、黃古錢（古仔紙）、蓮花金、蓮花銀、庫錢、外庫錢、棺木用公庫錢、功德用公庫錢、棺木用私錢、功德用私錢、作旬專用錢包、往生錢、摺紙蓮花、冥國銀行紙幣、金銀元寶、紙製衣服、冥財箱、首飾盒等項目。

環保金紙天金／謝宗榮 攝

環保金紙大箔壽金／謝宗榮 攝

天金

（南部稱頂極金）

祭拜玉皇上帝、三官大帝。

是最高級的金紙，金箔上寫有紅色「叩答恩光」字樣。有九寸、尺一、尺二規格（南部稱二刈、三刈、四刈），金箔分為四寸、七寸見方。祭拜玉皇上帝、三官大帝。

大箔壽金 財子壽金

（南部稱太極金）

祭拜玉皇上帝、三官大帝。

印有三尊財子壽神像，金箔上寫有「祈求平安」字樣。有九寸、尺一、尺二規格（南部稱二刈、三刈、四刈），金箔分為四寸、七寸見方。祭拜玉皇上帝、三官大帝等較尊貴的神明。

中南部用天尺金／謝宗榮 攝

天尺金（中南部用）

祭拜玉皇上帝，平時可用於改運。

寫有天金並繪有木尺圖案，形制約五寸四方，金箔為一寸五分。一張印有天金，一張印有尺金，交疊合用。祭拜玉皇上帝，平時可用於改運。

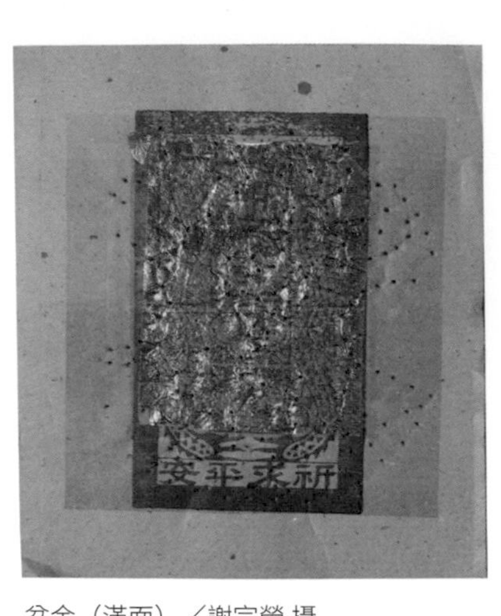

盆金（滿面）／謝宗榮 攝

盆金（滿面）

祭祀玉皇上帝、謝神時用。

為一尺三見方，紙上釘滿針孔線樣。祭祀玉皇上帝、謝神時用，如鹿港或淡水地區民眾所使用。

壽金／李秀娥 攝

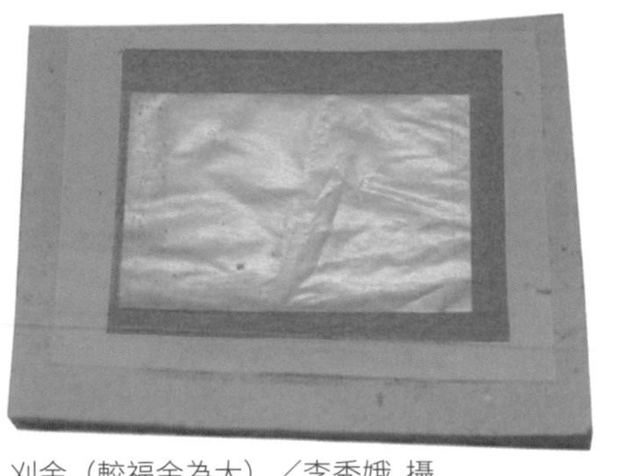

刈金（較福金為大）／李秀娥 攝

壽金

祭祀一般神明或祈求許願用。北部民眾也用於出嫁女性兒孫化給祖先的金紙。

上面印有福祿壽（財子壽）三仙的圖案，尺寸有大箔、小箔或大花、小花壽金之分。大者為六乘四寸，金箔一寸五見方；小者五乘三點五寸，金箔一寸四見方。[28]民間祭拜時常用者是大花壽金，用於祭祀各類神明。其中有些地方又細分為「足千壽金」、「足百壽金」，而「足千壽金」有些民眾也用於平日祀神，「足百壽金」則敬獻給祖先。

刈金

祭祀一般神明，為北部地區民眾所使用。

北部用金紙，有分大箔、中箔。只有一大塊錫箔，沒有任何圖案。祭祀一般神明時所用，為台灣北部地區民眾所使用，中部地區則不用刈金。也有地區的民眾將刈金視為四方金的，因北部的「刈金」和「福金」外觀類似，只是刈金較福金大一些。

中部通用的四方金／李秀娥 攝

福金（土地公金）／李秀娥 攝

福金

祭祀福德正神、財寶神、諸神等。有的地區土地公金又稱「四方金」。

又稱土地公金、四方金、占辦金。有分大箔、小箔兩類，大箔為二寸四方，金箔為八分四方；小箔為二寸四方，金箔為四分四方。一般用於祭祀福德正神、財寶神和其他眾神等皆可，[29]所以掃墓、培墓時皆會敬獻福金給后土神。

四方金

中部沒有刈金，而使用四方金，上面印有漂亮的葫蘆圖案及四方金之字樣。

即「福金」、「土地公金」。北部地區流行的四方金，沒有任何圖案，只有一面金箔。但是中部地區流行的「四方金」，印有象徵祈求「福祿」的美麗葫蘆圖案，葫蘆上還寫有「價實」二字，以及金紙上面也寫有「一心奉敬」、「祈求平安」、「四方金」等字樣。用於敬獻土地公，或是用於危險的彎路或橋頭，敬獻給守護地方的兵將，使來往車輛平安。

南部常用的九金／謝宗榮 攝

南部常用的九銀／謝宗榮 攝

九金

用於一般神明、犒將。南部地區所使用的金紙，中部、北部無。

為南部地區所使用的金銀紙，中部、北部沒有這類金紙。上面印有銀色星狀，寫有「福祿壽」三個字的字樣，銀紙兩旁印有「九金」二字的字樣。一般用於祭祖、拜地基主、犒軍時。

九銀

一般用於喪葬祭祀、祭祖、好兄弟時。

為南部地區所使用的金銀紙，中部、北部沒有這類金紙。上面印有銀色星狀，寫有「福祿壽」三個字的字樣，銀紙兩旁印有「九銀」二字的字樣。一般用於喪葬祭祀、祭祖、好兄弟時。

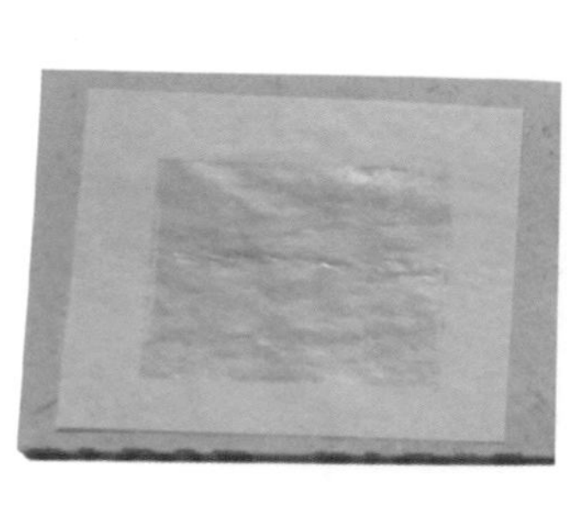

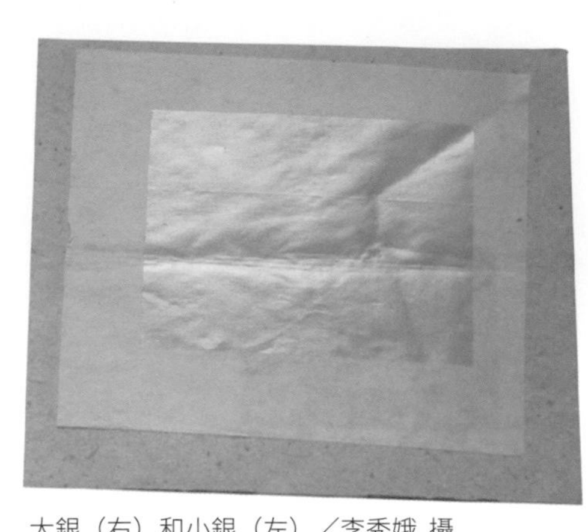

大銀（右）和小銀（左）／李秀娥 攝

大銀

祭祀祖先、喪葬、陰鬼。入殮時也用白布包裹一大疊大銀，作為往生者的枕頭。

銀紙一般為通稱獻給亡者或鬼魂的紙錢，若精準的說，則有分大銀和小銀。大銀，北部有大箔、小箔之分；南部則有大、中、小箔之分。祭祀祖先、喪葬、陰鬼。入殮時也用白布包裹一大疊大銀，作為往生者的枕頭。而小銀又稱銀仔，北部有大箔、小箔之分；南部則有大、中、小透之分。用於普度眾鬼時，或是用於危險的彎路或橋頭，敬獻給好兄弟，使來往車輛平安。[30]

大銀一般用於清明、過年等祭祀祖先，或是喪葬時祭祀亡靈，也有中元普度、農曆初一、十五拜門口敬獻給好兄弟等陰鬼時用。喪禮入殮時也會用白布包住一大疊的大銀，當作往生者的枕頭，也是獻給亡靈使用的銀紙。其票面面額比小銀大一些。

小銀

用於普度好兄弟時，或是用於危險的彎路或橋頭，敬獻給好兄弟，使來往車輛平安。

又稱銀仔，北部有大箔、小箔之分；南部則有大、中、小透之分。用於中元普度、或拜門口好兄弟、家中地基主時，這需要燒化；或是拋撒於危險偏遠的彎路、橋頭的地上，不用燒化，敬獻給好兄弟，使往來的人車平安時所用。如在喪禮出殯時，棺木行經的橋頭，拋撒的小銀，則稱為「買路錢」。

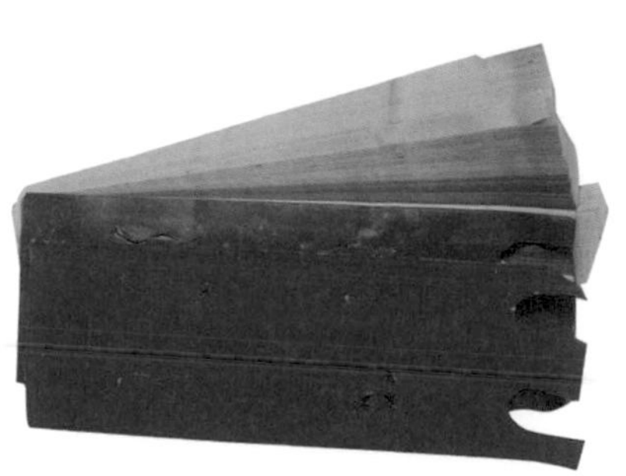
五色紙／李秀娥 攝

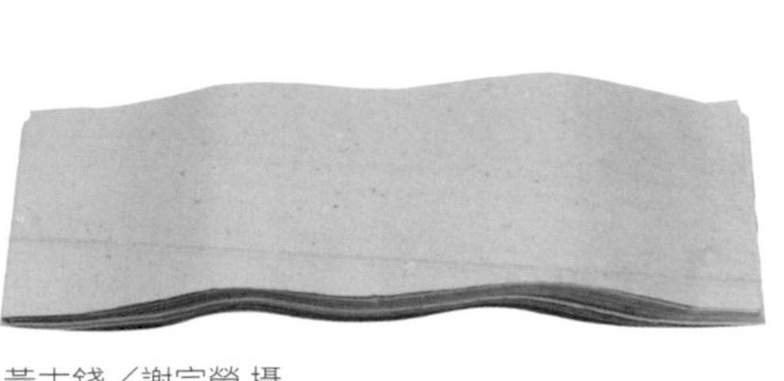
黃古錢／謝宗榮 攝

五色紙

用於壓墓紙，屬於泉州人的習俗。

有綠、紅、黃、白、粉紅五種顏色，大小不一，呈長方形，其下呈鋸齒狀。用於清明掃墓時的壓墓紙，屬於台灣泉州籍人士的習俗，而漳州籍者用黃色古仔紙。

黃古錢（古仔紙）

通常當壓墓紙，屬漳州人的習俗。

為黃色長方形的紙錢，故稱「黃古錢」，俗稱「古仔紙」，為清明掃墓、培墓時掛紙所使用的壓墓錢，有的地方整束皆為黃色，有的地方則是第一張為紅色的，下面才是黃色的，往往有紅色黃色的古仔紙會先被壓在祖先墓碑上，以及后土神的石碑上，其餘墳上才皆用黃色古仔紙。古仔紙為漳州人後裔的傳統習用的掛紙紙錢，而泉州人後裔則習慣用五色紙來掛紙。

蓮花金／謝宗榮 攝

蓮花銀／謝宗榮 攝

蓮花金

為出嫁女性兒孫用於祭祖，或是往生時作法事、清明掃墓、忌日時使用。

金紙上面裱有錫箔、塗金油和蓋印，上面印有蓮花的圖案。為出嫁女性兒孫用於祭祖，或是往生時作法事、清明掃墓、忌日時使用。喪禮時為中南部地區的民眾使用的銀紙類，北部地區民眾則用壽金。[31]

蓮花銀

為男性兒孫用於祭祖，用於往生作法事、清明掃墓、忌日或是撿骨時。

為中南部地區民眾所使用的銀紙類，裱有錫箔、蓋印，不塗金油，上面印有蓮花圖案。為男性兒孫用於祭祖，用於往生作法事、清明掃墓、忌日或是撿骨時。喪禮時中南部地區使用蓮花銀，而北部地區則用大銀。[32]

中部貢庫錢／李秀娥 攝

庫錢／謝宗榮 攝

庫錢

供死者在冥界使用。

庫錢可分四類，有分棺木用公庫錢、棺木用私庫錢、功德用公庫錢、功德用私庫錢四類，而功德用的公、私庫錢又稱為「外庫錢」。納入棺木之公庫錢，是不焚化的。此乃繳入地府的公庫，有設籍成為冥府一員的意思。該庫錢要依照亡者生肖而決定款額；棺木用私庫錢為納入棺木中，不焚化，供死者在冥界使用之私庫錢，因為屬於獻給亡者的私房錢，所以會焚化較公庫錢還要多很多。功德用公庫錢乃替亡者還清投胎出生時向庫官所商借的庫錢，一般肖馬、牛者需還八萬，而其餘生肖還四萬；作功德時使用之私庫錢，供死者在冥界使用。一般民間多重視私錢，因為屬於獻給亡者的私房錢。[33]

外庫錢

功德用的公、私庫錢又稱為「外庫錢」。

庫錢可分四類，有分棺木用公庫錢、棺木用私庫錢，功德用公庫錢、功德用私庫錢四類，而功德用的公、私庫錢又稱為「外庫錢」。功德用公庫錢乃替亡者還清投胎出生時向庫官所商借的庫錢，一般肖馬、牛者需還八萬，而其餘生肖還四萬。作功德時使用之私庫錢，供死者在冥界使用。一般民間多重視私錢，因為屬於獻給亡者的私房錢。[34]

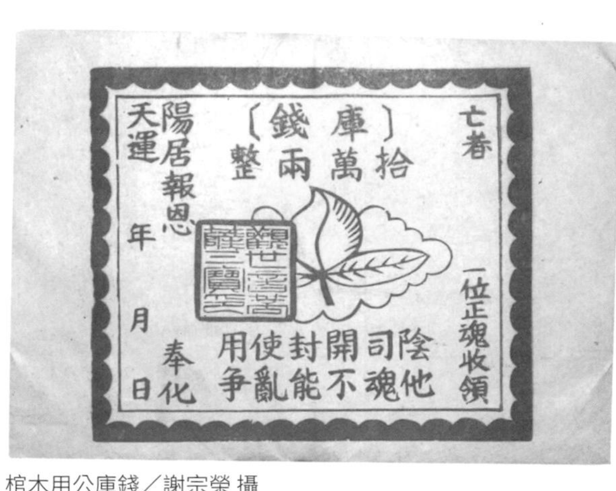

棺木用公庫錢／謝宗榮 攝

棺木用公庫錢

納入棺木之公庫錢，不焚化。此乃繳入地府公庫，有設籍成為冥府一員之意。

面仔紙為白色印紅字，為一尺五寸乘八寸大，上有打點線八十條，折為四折，三十張為一封，再用白紙包住，俗稱一萬元，多以十萬為一束。中部則為較小單張的庫錢，上面印有綠色貢庫字樣的形式。納入棺木之公庫錢，是不焚化的。此乃繳入地府的公庫，有設籍成為冥府一員的意思。該庫錢要依照亡者生肖而決定款額，但台灣民間有兩種說法。

第一種是：

子（鼠）年生者十萬，丑（牛）年者三十八萬，
寅（虎）年者十二萬，卯（兔）年者十二萬，
辰（龍）年者十三萬，巳（蛇）年者十一萬，
午（馬）年者三十六萬，未（羊）年者十四萬，
申（猴）年者八萬，酉（雞）年者九萬，
戌（狗）年者九萬，亥（豬）年者十三萬。

第二種說法：

肖鼠之人繳六萬，肖牛之人繳廿八萬，
肖虎、兔之人繳八萬，肖龍、豬之人繳九萬，
肖蛇之人繳七萬，肖馬之人繳廿六萬，
肖羊之人繳十萬，肖猴之人繳四萬，
肖雞、狗之人繳五萬。[35]

棺木用私庫錢／謝宗榮 攝

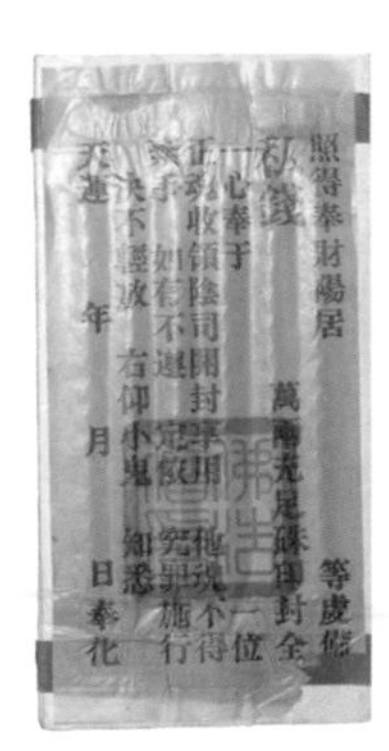

功德用公庫錢（左）和私庫錢（右）／謝宗榮 攝

功德用公庫錢

屬於作功德圍庫錢時焚化之公庫錢。

面仔紙紅色印黑字，為一尺五寸乘八寸大，上有打點線八十條，折為四折，三十張為一封，再用白紙包住，俗稱一萬元，多以十萬為一束。屬於作功德圍庫錢時焚化之公庫錢。此公庫錢乃替亡者還清投胎出生時向庫官所商借的庫錢，一般肖馬、牛者需還八萬，而其餘生肖還四萬。[36]

棺木用私錢

納入棺木中，不焚化，意即供死者在冥界使用之私庫錢。

又稱私庫錢，面仔紙白色印紅字，為一尺五寸乘八寸大，上有打點線八十條，折為四折，三十張為一封，再用白紙包住，俗稱一萬元，多以十萬為一束。納入棺木中，不焚化，供死者在冥界使用之私庫錢。一般民間多重視私錢，因為屬於獻給亡者的私房錢，所以會焚化比公庫錢還要多很多。[37]

功德用私錢

作功德時焚化獻給亡者使用之私庫錢，供死者在冥界使用。

為私庫錢的一種，面仔紙紅色印黑字，為一尺五寸乘八寸大，上有打點線八十條，折為四折，三十張為一封，再用白紙包住，俗稱一萬元，多以十

印有得生淨土陀羅尼的往生錢
／李秀娥 攝

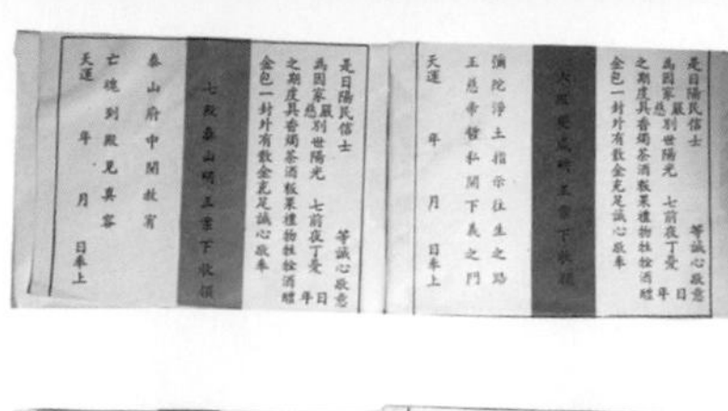

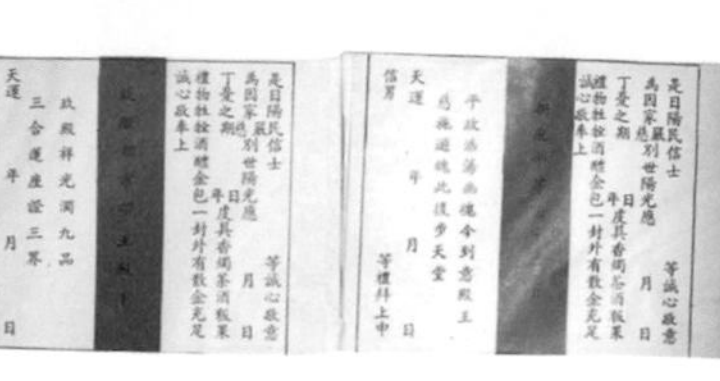

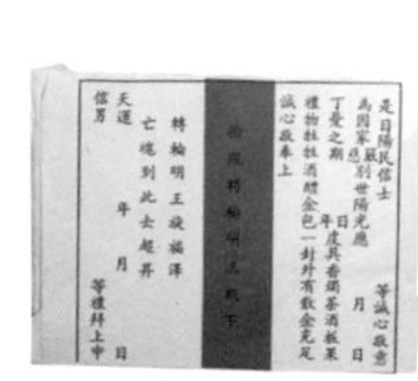

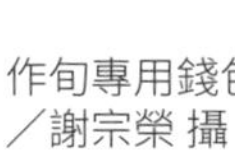

作句專用錢包
／謝宗榮 攝

萬為一束。作功德時使用之私庫錢，供死者在冥界使用。一般民間多重視私錢，因為屬於獻給亡者的私房錢。38

作旬專用錢包

用於喪事作旬時。

因有十殿閻王，所以共有十種「作旬」的錢包，面仔紙的中央會有紅紙分別寫上每一殿閻王的尊諱，兩旁再印上藍色字體，寫著「陽世信士虔具香燭茶飯粄果禮物牲牷酒禮金包一封外有散金充足誠心敬奉」、以及「帝德巍巍乞判超昇之路王道浩蕩大開赦宥之門」等字樣，用於喪事「作旬」時。39

往生錢

用於喪事、佛教的祭拜，但民間信仰，多為佛、道混合使用。

一般常見為黃色正方形紙，上面中央以圓圈形狀環繞印有紅字的〈七佛滅罪往生神咒〉，簡稱〈往生咒〉。四周再寫上「極樂世界」四個字，亦即希望所敬獻的對象（亡靈），可能是祖先、牲畜等將來可往生西方極樂世界。後來民間金銀紙製造業者也開發出較亮麗的彩色往生錢，有金藍色、金紅色、黃綠色等。一般多折成元寶狀，象徵帶來財富，或是折成蓮花座狀，亦即希望亡靈可以效法佛菩薩修習心性像一朵朵清淨的蓮花般，出汙泥而不染。往生錢原本屬於佛教界的經咒，但因佛教的宣教普遍化的影響下，一般也用於道教喪事、清明祭祖、超薦法會、佛教超薦法會的祭拜，民間信仰也多佛道混合使用。

黃色往生蓮花／李秀娥 攝

摺紙蓮花

將「往生錢」或「壽生錢」摺成蓮花狀。

在台灣民間信仰習俗中，因受到佛教流傳的影響，而多以「往生錢」或「壽生錢」兩類，以手工摺疊成一朵蓮花形狀的金紙，或是金元寶形狀的金紙。往生錢是為超度亡靈的，故常敬獻給新亡的祖先，做為「腳尾錢」，或是給已故的祖先靈、或在中元普度法會時、建醮普度時、盂蘭盆會時，化給招請而來的孤魂滯魄（好兄弟）。「壽生錢」則是敬獻給神明，用以祈求消災解厄、賜予福壽綿長的。若用這類可通往極樂世界的往生神咒之「往生錢」，或敬獻神明可消災延壽的「壽生錢」等，將其摺成蓮花狀（分無座蓮花、有座蓮花）者，無座蓮花獻給新亡，其實這也是受到佛教的深刻影響，以蓮花象徵期望每個修行人或各類往生的亡靈，皆能效法佛菩薩精進修行的精神，去除貪嗔癡三毒的習氣，讓內心能夠清淨無染，仿如出汙泥而不染的蓮花般聖潔高雅。

彩色往生蓮花／李秀娥 攝

冥用美鈔／謝宗榮 攝

冥國銀行紙幣

用於喪事焚化給亡者的紙幣台幣或是美鈔。

為長方形的紙幣，上面印有「冥國銀行」的字樣，以及金額多寡，用於喪事焚化給亡者的紙幣，或是美鈔，以因應國人時常出國使用美鈔的風俗，也反映在陰間出國旅遊的風氣，類似民國後的國幣或美鈔圖樣。

綜合型台幣冥用紙幣／謝宗榮 攝

冥用往生錢紙摺衣服／李秀娥 攝

金元寶和金條／謝宗榮 攝

金銀元寶

送給亡者在陰間使用。

當家人往生後，家屬便會邀集一些成員，守在靈堂前，抽空以銀紙摺成元寶狀，或以往生紙折成蓮花狀，要送給亡者在陰間使用。由於是新亡的亡靈，所以使用銀紙的機會較高，故以銀紙摺成元寶狀，而稱為「銀元寶」，等到出殯作功德時，再燒化給亡者。現代業者也有開發出金元寶、銀元寶、金條、銀條等作為燒化敬獻亡者，或將金元寶、金條敬獻財神等神明。

紙製衣服

讓亡者在陰間有足夠的衣服可以替換。

當亡者過世後，家屬為了讓亡者在陰間有足夠的衣服可以替換，所以會由家屬以色紙摺製成上衣、長褲形狀的紙製衣服，等到喪禮期間燒化給亡者使用，有的則是每日燒化更衣（經衣、巾衣）給亡者換衣服，但懂得用摺紙的家屬，則會用手親自摺成。但是現代有的金紙店也會販賣整套的紙製衣服、皮鞋、高跟鞋，好燒化給亡者使用，對象有分成人的男性、女性，幼童的男童、女童等。

獻給男女亡者的布質小衣服和小鞋子／李秀娥 攝

冥財箱

可讓準備好的實際衣物、鞋襪、金銀紙等財寶一起放入的箱子。

當亡者過世後，家屬為了讓亡者在陰間有足夠的衣服可以替換，所以會由家屬以色紙摺製成上衣、長褲形狀的紙製衣服，等到喪禮期間燒化給亡者使用，有的則是每日燒化更衣（經衣）給亡者換衣服，但懂得用摺紙的家屬，則會用手親自摺成；也有家屬是備實際衣物、鞋襪、金銀紙等財寶一起放入「冥財箱」內。而現代因為印刷業與科技的進步，有的金紙店也會販賣整套的紙製衣服（有分男性和女性的亡者所需，一般男性為穿西裝打領帶，女性為穿旗袍）、還有項鍊首飾、手錶、手機等，好燒化給亡者使用，這種成套的紙衣褲組或紙衣裙組，則稱為「紙衣箱」或「冥財箱」。

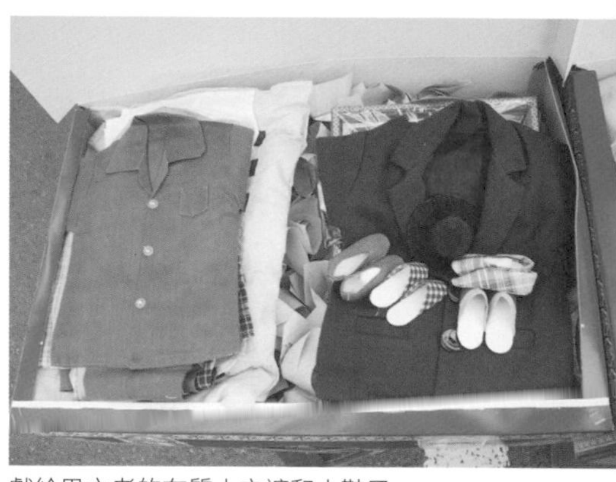

獻給男亡者的布質小衣褲和小鞋子／李秀娥 攝

冥財箱／謝宗榮 攝

獻給女性亡者的首飾盒／李秀娥 攝

首飾盒

除了紙衣褲，也有成套的首飾盒給亡者使用。

當亡者過世後，除了敬獻亡者所需的紙衣褲外，現代印刷業與科技的進步，有的金紙店也會販賣整套的「男用首飾盒」或「女用首飾盒」，內容包括項鍊、戒指、手環、手錶、手機等，好燒化給亡者使用。

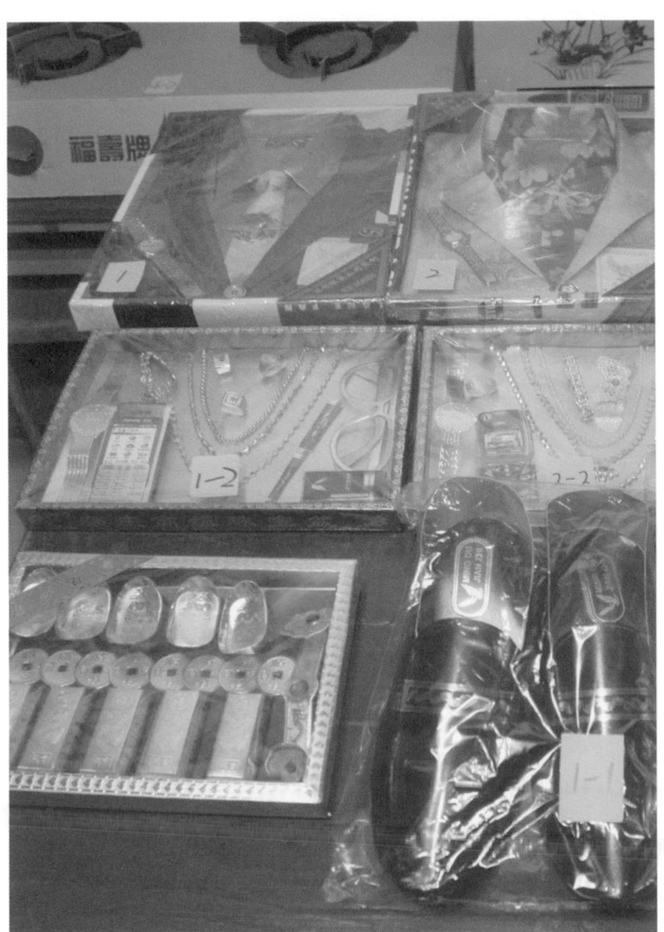

獻給男女亡者的紙衣、鞋子和首飾盒等／謝宗榮 攝

喪禮百科大觀

有關台灣地區目前民間所通行的喪禮習俗與項目，到喪禮後對亡故者的歲時祭祀活動的重要項目，主要區分為十二個部分來介紹：一、臨終及歿後的處理；二、發喪；三、治喪；四、殯禮，五、葬禮；六、居喪；七、除喪；八、撿骨（撿金）；九、祭祖；十、墓與墓園；十一、其他的傳統葬禮；十二、現代化喪禮，各個階段都有十分重要的禮儀習俗。

一【臨終及歿後的處理】

二【發　喪】

三【治　喪】

四【殯　禮】

五【葬　禮】

六【居　喪】

七【除　喪】

八【撿骨（撿金）】

九【祭　祖】

十【墓與墓園】

十一【其他的傳統葬禮】

十二【現代化喪禮】

臨終及歿後的處理

在亡者臨終及初歿時的處理階段，有許多細項要處理，包括：拼廳搬鋪（分手尾錢、辭土）、遮神、摔碗（摔藥罐）、石頭枕、水被、含錢（含殮）、腳尾飯、腳尾燈（腳尾火、長明燈）、腳尾錢、腳尾轎（魂轎、過山轎）、腳尾經等項目。

南投地區家屬亡故後，以紅布遮神位和祖先牌位 / 李秀娥 攝

苗栗地區家屬亡故後，以竹篩遮神位，以報紙遮祖先牌位 / 李燦郎 攝

拼廳搬舖
（分手尾錢、辭土）

台灣人傳統觀念認為，死要死在家中，故當親人尚未斷氣，仍在彌留狀態時，會趕緊由醫院運送回家。家屬首先將正廳或公廳打掃乾淨，準備搬舖供病患休息。「水鋪」或「水床」依男左女右擺設，不靠牆；有的是長輩在，則放右邊，不分男女，長輩過往了，則在左邊，頭向內，腳朝外，稱為「搬舖」。

有的也會在尚未斷氣前，召集子孫先行「分手尾錢」，有分遺產之意。有些病者若知自己時日不多時，會趁起身上廁所時下水舖，以腳踩地，以示告別大地，作為「辭土」；有的則以其最後一次下床，稱為「辭土」。若是幼年夭折者，均不移舖，僅在臥房地上另舖草蓆；在外地身故者，遺體不能運進家內，得在外搭棚或停放在殯儀館，稱為「冷喪」。40

遮神

死者臨終斷氣後，便要取下正廳的三界公燈、天公爐或三界公爐，並以紅布、紙、米篩遮住神明和祖先牌位，即為「遮神」，以免喪事的不潔汙穢了神明和祖先神，直到大殮入棺後再除去。

藥懺後，要摔破藥壺以示靈體病癒不再食藥 / 謝宗榮 攝

摔碗

（摔藥罐）

台灣人習慣當亡者身故後，要打破一個亡者生前所吃的飯碗，表示「碗破家圓」，或從此不用再伺候亡者了；或是將其生前所用來煎藥的藥罐打破，並告知亡者病已好，從此不用再吃藥了，也不會將病根遺留子孫。[41] 若是病故者，作功德時得請道教法師誦《藥王寶懺》（或稱《藥師寶懺》）並煎藥壺、餵藥給亡者魂身，為其治病；佛教則誦《藥師寶懺》。道教請專理疾病的藥王神農大帝來為亡者的靈體醫病，並且儀式中會煮好一只藥罐，藥罐嘴上會插三炷香，並將煎藥拿起來作勢餵亡者的紙塑魂身飲藥，等到藥師懺結束後，再將藥罐打破，象徵亡者靈體已被藥王醫好，從此不再需要藥罐了。有的講究一點的，也會在道士做功德藥懺煉丹藥時，除了讓亡者服用外，也會一道請遺眷一一嚐一口，以示服用丹藥強身保健。

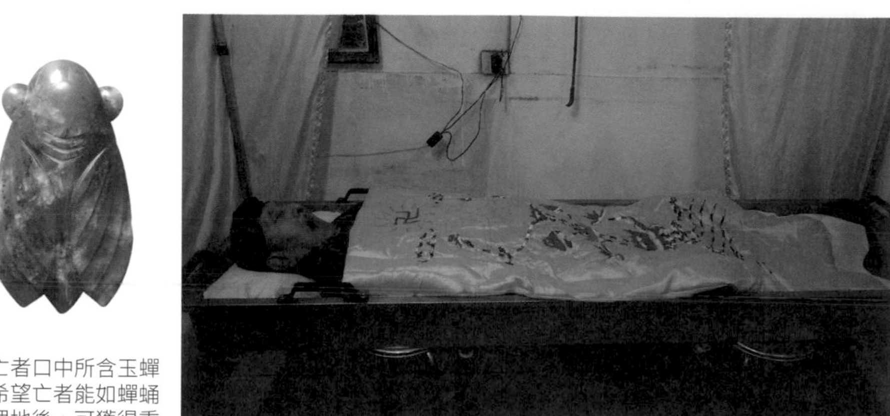

古代亡者口中所含玉蟬象徵希望亡者能如蟬蛹長年埋地後，可獲得重生 / 謝宗榮 攝

亡者身上覆有水被 / 李秀娥 攝

水被

喪禮初期家屬會在亡者屍體四周圍上白色（或黃色、粉紅色）的布幔，俗稱「吊九條」，現代也有人用蚊帳圍起來。再將亡者自頭部到腳蓋上「水被」，水被為一張長方形的白布，中央再縫上紅綢的被單，有辟邪趨吉之意，也有人是使用亡者生前所用之被單。[42] 而佛教人士則加蓋蓮花被，被單上會印上佛教經文或繡上蓮花圖案，以示亡者的靈體將受到佛菩薩的庇佑，如清淨的蓮花般出汙泥而不染，可早日往生佛國淨土世界。

石頭枕

喪禮時亡者剛過世時，家屬便準備一只較大而扁平的石頭給亡者當枕頭，取石枕有可使後代子孫頭殼堅硬如石，身體健壯硬朗如石之意。也有的因為大而平的石頭不好找，而就近以白布包銀紙當枕頭，換去亡者生前常使用的睡枕，故稱為「換枕」，也有喪家仍以亡者生前的枕頭讓亡者躺用。[43]

含錢

（含殮）

昔日喪禮初期家屬會在亡者口中放入一枚龍銀或玉石，特別是蟬形的玉石，因為蟬的生命型態是先埋在地底七年後，才爬出泥土表面在樹幹上破蛹而生，與亡者死後長期埋在土裡，將來重新誕生「重生」的寓意相同，所以這類含在亡者嘴裡的龍銀或玉石，稱為「含殮」。後來也有用紅紙包住古銅錢或是硬幣及金箔，放入亡者口中，俗稱「金嘴銀舌」，有富貴之意，此稱為「含錢」。[44]

腳尾飯

死者初亡後未入殮前，擺放位置需頭內腳外，並在其腳邊供上「腳尾飯」（或稱「腳後飯」），腳尾飯要在露天炊煮，以大碗盛滿飯，飯上放一顆熟鴨蛋，並垂直插上一雙筷子，使死者不至於挨餓好上路。並在亡者腳邊放一盞白蠟燭，做為「長明燈」，或是一盞油燈，照明陰間的路，稱為「腳尾火」。並用碗公裝砂做為香爐，稱為「腳尾爐」。並燒腳尾紙（大銀小銀、或是往生錢、庫錢等）供死者前往陰間的路上使用。由於腳尾飯上插有筷子，所以平日禁止小孩將筷子插在飯上，以避不祥之兆。[45] 腳尾飯一直供到亡者入殮為止，而靈位上則依然照三餐奉養亡者飯菜，奉如在世一般，稱為奉飯或捧飯。

但亦有說：一般在家正常死亡者，其實不用再加奉腳尾飯，故事起源於古代某一位婦人的先生因故在外地入獄，到了生病臨終時，婦人被通知趕赴探望，又因趕到時先生已逝世。趕不及給他吃最後一頓飯，所以婦人只好再給他供上飯菜、又因沒有線香在手邊，所以就直接拿一雙筷子充當線香來祭拜亡夫，這也是後來民間對亡者供奉腳尾飯的由來。[46]

所以供腳尾飯，是因為亡者死在外地，生前臨終沒吃到家屬所提供的飯菜，所以死後才需要加以供腳尾飯，至於一般正常在家病歿的，則沒有這種特殊需要。只是民間一般人搞不清楚，常聽說要供腳尾飯，所以禮儀公司的人員，為了讓家屬安心，所以就任由家屬準備腳尾飯了。

供在亡者腳邊的腳尾飯 / 李秀娥 攝

以金箔、銀箔做含錢，有「金嘴銀舌」富貴之意 / 李秀娥 攝

苗栗喪家在靈位前的地上，點上腳尾燈（腳尾火）、並化腳尾錢／李燦郎 攝

腳尾燈

（腳尾火、長明燈）

又稱「腳尾火」或「長明燈」，喪禮時當亡者已斷氣後，古代需在亡者腳邊放一盞油燈，為亡者照明陰間的路，做為「長明燈」，後來多改為點一盞白蠟燭或是點電燈的，稱為「腳尾火」或「腳尾燈」。[47] 並用碗公裝砂做為香爐，稱為「腳尾爐」，並敬奉「腳尾飯」，使亡者在陰間有力氣走路。

燒腳尾轎的小魂轎時，先供飯菜給轎夫享用 / 李燦郎 攝

道士家中掛在牆上的紙糊小魂轎 / 謝宗榮 攝

孝男焚化貢庫錢作為腳尾錢 / 李秀娥 攝

腳尾錢

喪禮中為亡者拜腳尾飯的同時，也要在亡者腳邊焚化小銀紙錢、庫錢、往生錢等，使亡者在通往陰間報到的路上，可以使用，而不會遭到惡鬼的刁難。一般的亡者，只需燒化銀紙、庫錢，至於枉死的或有念佛吃齋的，則會燒化往生錢，燒化在一個磁碗內或面盆內，約半個小時燒一次，直燒到亡者入木（入殮），燒腳尾錢時需一張一張的燒，不可太急，使得亡者可以在陰間一步一步穩穩的行走，而不會顛沛不穩。[48]

腳尾轎
（魂轎、過山轎）

在傳統信仰上，臺灣民間相信人死後靈魂要到陰間去報到，而陰間路上千里迢迢，所以要在亡者嚥氣後，馬上到亡者的靈前或門外燒一頂紙作的小型轎子給亡靈使用，稱為「燒腳尾轎」、「過小轎」、「燒小轎」、「燒魂轎」，或是「過山轎」。由於扛小轎要有兩位轎夫，所以也需準備兩份碗筷及飯菜供轎夫享用，轎夫才有力氣扛轎上路。民間傳說兩位轎夫，一位名叫康得喜，即「扛得起」之意；一位名叫不有祿，即「利有路」之意。[49]紙糊的腳尾轎，男性的用藍色轎，女性的用紅色轎。[50]

南投地區習慣燒紙汽車供亡者陰間代步，也需供飯菜給司機享用 / 李秀娥 攝

腳尾經

喪家請靈寶派「烏頭師公」（道士）或僧尼，到死者靈前誦念經文，如佛教唸《金剛經》、《彌陀經》、《普門品》，道教唸《度人經》等，為亡靈打開由陰間回到魂帛上接受祭祀的路，即稱為「開魂路」或「開通冥路」，而為亡者所誦的這些經書，則稱為「腳尾經」。[51]也有在亡者處彌留狀態時，便先請僧尼或助念團前來誦經，好安頓臨死之人的心靈，讓臨終者可以平靜的往生，這時所誦的經文，也算是「腳尾經」。但佛教稱助唸，不稱「腳尾經」。

道教的《度人經》全稱《元始無量度人上品妙經》（另有中品、下品妙經，全三品），其經文內容有勸亡魂、鬼眾及陽世人多持誦該經，可飛昇仙界，茲引上品妙經之一小段為例：「道言：凡誦是經十過，諸大齊到，億曾萬祖，幽魂苦爽，皆即受度。上升朱宮，格皆九年，受化更生，得為貴人。而好學至經，功滿德就，皆得神仙，飛升金闕，遊宴玉京也。上學之士，修誦是經，皆即受度，飛升南宮。世人受誦，則延壽長年，后皆得作尸解之道。魂神暫滅，不經地獄，即得返形，遊行太空。此經微妙，普度無窮。一切天人莫不受慶。無量之福，生死蒙惠。上天所寶，不傳下世。」[52]

發喪

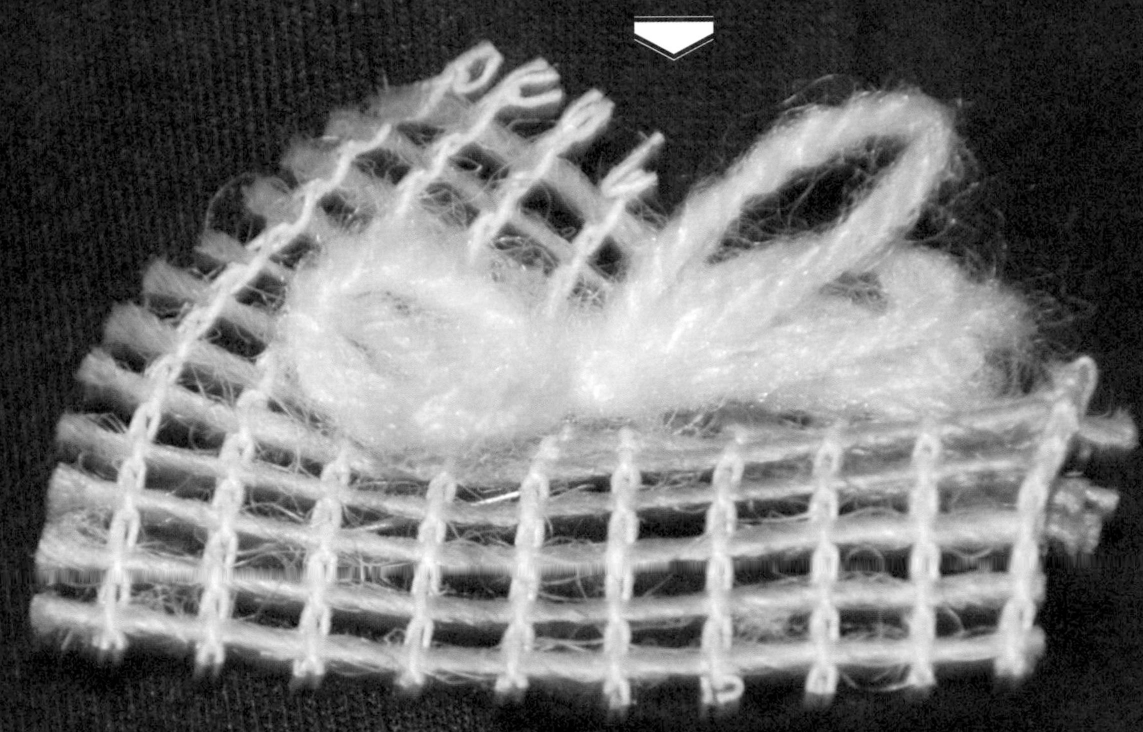

發喪部分包括：訃文（訃聞、訃音、訃告）、大銀燭和糕仔封、示喪、掛紅、孝服、喪帽、頭白、喪巾等項目。

訃文

（訃聞、訃音、訃告）

又稱「訃聞」、「訃音」、「訃告」，訃是報喪、告喪的意思，文是文告，而聞是消息的意思，音是音訊，告是告示。所以訃文是家屬在家人亡故後，通知親友亡者身故，亡者的生卒年（國曆、農曆），享壽幾歲，逝世地點（壽終正寢——男歿、內寢——女歿或逝世於何地），何時何地舉行家奠、公奠、何時發引安葬、將土葬或火葬於何處，以及孤哀子等子孫聯名的喪禮文書。

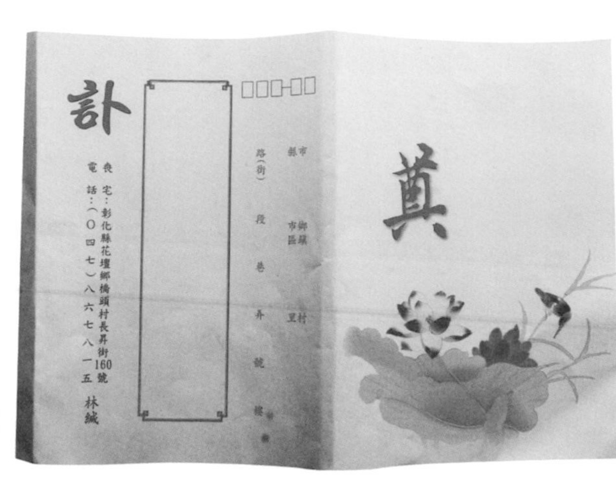

彰化花壇鄉民高齡壽終內寢，家屬所發出之粉紅色訃聞封面／謝宗榮 攝

一般訃文的撰寫有三種形式：

一是由家屬具名的訃文，

一是由治喪委員會具名的訃文，

一是民間一般通用的訃文。

「國民禮儀範例」中也有提供給民眾參考的訃文形式，但大抵內容會包含上述情形，唯由治喪委員會代表具名的訃文則未列家屬的稱謂。53

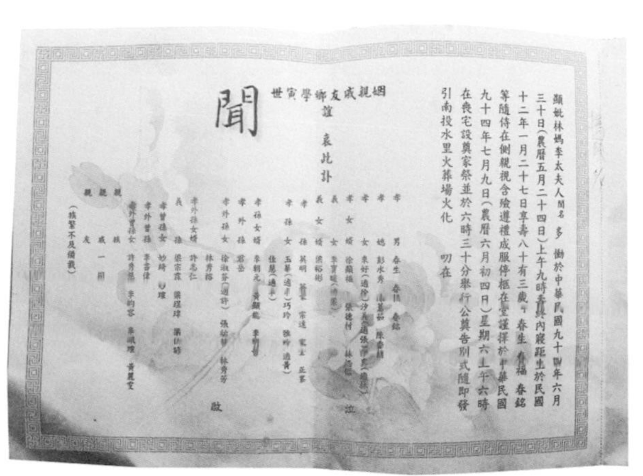

聞

顯妣林媽李太夫人閨名 多 慟於中華民國九十四年六月三十日（農曆五月二十四日）上午九時壽終內寢距生於民國十二年一月二十七日享壽八十有三歲 春生 春福 春銘等隨侍在側親視含殮遵禮成服停柩在堂謹擇於中華民國九十四年七月九日（農曆六月初四日）星期六上午六時在喪宅設奠家祭並於六時三十分舉行公奠告別式隨即發引南投水里火葬場火化

叨在

姻親戚友鄉學寅世

誼

哀此訃

彰化花壇女性鄉民高齡壽終內寢，家屬所發出之粉紅色訃聞內頁／謝宗榮 攝

父高齡而喪，門口貼書粉紅色「嚴制」示喪
／李秀娥 攝

大銀燭和糕仔封

亡者入木（入殮）等時辰看好後，家屬便可將親人亡故的訊息對外向親友等發佈消息者，稱為「發喪」，並且印發精美的白色訃聞，寫上親人亡故的事件，以及文末列上重要遺族的名字，以示追念者，稱為「報白」或「報喪」。而親朋好友獲知消息後，會陸續前來喪宅向亡者上香致意，此為「覓喪」，且喪事上香點兩枝香致敬，以示為陰事的祭拜，與一般屬陽事神明祭拜上三炷香或一炷香不同。昔日親友也會開始敬送輓聯、輓帷、大銀燭、糕仔封等，所謂「大銀燭」是以白紙所包住的白蠟燭、銀紙、糕仔和香條。因為致贈大銀和白蠟燭，故稱「大銀燭」，也有以致贈糕仔等物且包起來，而稱為「糕仔封」，近代則多改為花圈、花籃、禮籃來弔喪。[54]但是講究環保的時代來臨後，也有婉謝花圈、花籃的，而改送綠色盆栽來致意。

示喪

喪家在亡者過世後，需於大門上張貼告示，以白紙黑字寫著「嚴制」（父死時用）、「慈制」（母死時用）或「喪中」（指晚輩去世長輩尚在者使用）等字樣，告知左鄰右舍家中有喪事。以前日治時期，因台灣曾受到日本人的影響，而在喪家門口寫「忌中」，現代已較少人如此。而喪家門口紅色春聯上面要斜貼白紙條，以示轉喜為喪。昔日並會在喪家門口上方懸掛一張長方形的白布條，寫上亡者的姓名、生卒年月日，以及居喪者的姓名，及其喪禮服制，藉以示喪，稱為「白屏式」或「門牌式」。[55]

掛紅

喪禮中當亡者過世後，喪家除了在門上張貼告示，以白紙黑字寫著「嚴制」、「慈制」或「喪中」等示喪外。也需在附近鄰居的門邊貼上一小片長方形的紅紙，使其逢凶趨吉，稱為「掛紅」。紅紙則在出殯啟靈後才除去，並由道士洗淨貼上淨符。[56]現代社會則多由道長以硃砂筆或毛筆持咒寫上多道「清淨符」，分送鄰居洗去喪事之不潔。

喪事為鄰居門上掛紅布以辟邪
／謝宗榮 攝

喪事為鄰居春聯貼小紅紙片掛紅以辟邪
／謝宗榮 攝

女兒兼孝媳穿麻衣（中）及其他女眷穿苧衣／謝宗榮 攝

已婚孝子（中）、孝媳（右）為有袖孝服，未婚孝孫為無袖孝服／謝宗榮 攝

孝服

喪事時有一套規定如何使用孝服，區分親疏等級的禮俗。古代為不同的親屬亡者以及不同身分者所著喪服與服喪期間都有不同，如古稱「五服」：斬衰（服喪期三年）、齊衰（服喪期分杖期一年、不杖期一年、五月、三月）、大功（服喪期九月）、小功（服喪期五月）、緦麻（服喪期三月）。

喪事時孝服，有分親疏等級的禮俗，昔日孝服多是自製的，現代則由殯葬禮儀公司提供。五服包括麻、苧、白、藍、黃、紅等布料，

孝男穿麻衫、戴麻帽、綁草箍、腳穿白布、草鞋。

媳婦穿麻衫、戴篏頭、上縫麻布、白布鞋綴麻布。

女兒分出嫁、未出嫁之別，

未嫁者：穿有袖麻衫、頭結麻；

已嫁者：穿苧衫（茶仔衫）、篏頭上縫苧布。

長孫穿苧衫套麻衫、戴草箍套麻與苧。

孫子、孫女穿苧衫，戴頭白布（篏頭）上縫苧布。

長孫媳婦身穿與長孫同、篏頭用麻與苧布。

曾孫穿藍衫、藍帽。玄孫穿紅衫、紅帽。

姪子、姪女穿苧衫，頭白仔綴苧。

兄弟與未婚姊妹穿苧衫，女頭戴白篏頭，

同輩子孫綁頭白仔。

堂兄弟以白布條綁在手臂上。

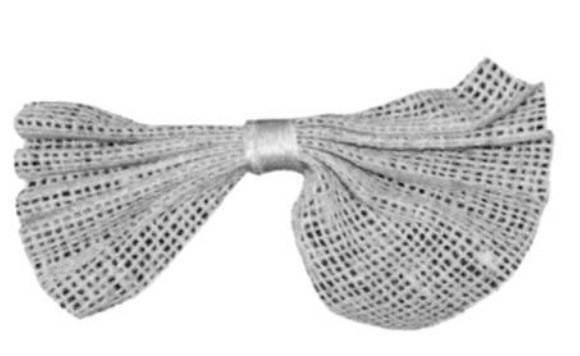

孝男孝誌，父喪要別在左臂，母喪則別在右臂／李秀娥 攝

父母喪之別在臂上的毛線孝誌／謝宗榮 攝

穿黃色的外曾孫孝服／李秀娥 攝

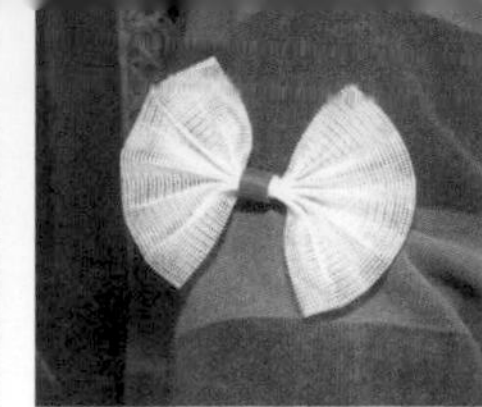
已婚女兒孝誌帶紅
／李秀娥 攝

徒弟為師父披麻孝誌帶紅
／李秀娥 攝

妯娌、姊妹穿白布裙，戴白簕頭。

女婿穿白長衫，白帽綴苧布，有人綴紅。

孫女婿白布長衫、白帽苧布下加一塊紅布。

義子女、義兄弟比照子弟、兄弟，但在帽上綴紅布。

上述未婚者喪服無袖，已婚者有袖。[57]

後來進入工商業社會，孝服已較少人自製，現代各地的葬儀社、嫁妝店或特殊的雜貨店，多備有現成的孝服提供使用，很便利，不用再臨時縫製。[58]而家屬在孝服外，如頭上或臂上，再繫上「孝誌」，孝誌有分麻、苧、毛線（白、綠、黃、紅），稱為「帶孝」。以前「帶孝」最長有三年，現代人守喪期間更為簡化，要外出時，多會取下孝誌先放在靈桌上，且出殯後就完全取下，不再繫帶，稱為「脫孝」。而外省人一般身著黑素衣，手臂繫黑布圈，作為「帶孝」。

穿藍色的內曾孫孝服／李秀娥 攝

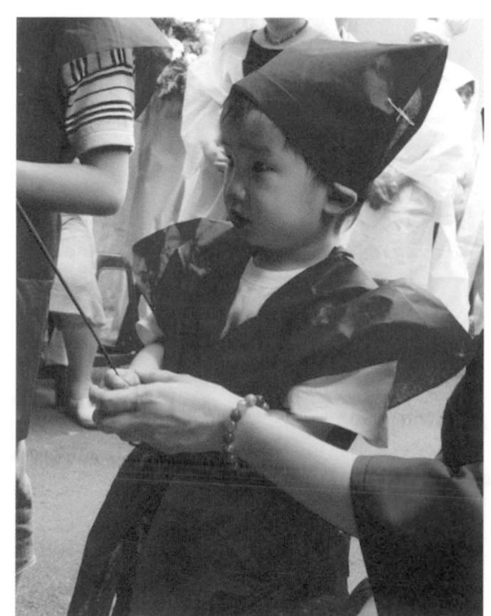
甘孫和姪玄孫穿紅色孝服／李秀娥 攝

義女婿的喪帽要加紅色及苧布／李秀娥 攝

喪帽

為喪禮孝服服制中所戴在頭上的帽子，稱為「喪帽」，閩南音稱為「箛頭」、「頭白」、「頭白仔」。男性的直系子孫、族親、外戚，多戴圓形加草箍（已婚之子、已婚長孫）或倒梯字形六樑巾形的喪帽，或是白布圍頭中央加上一小方塊的麻、苧、藍、紅色；女性的喪帽則多為三角錐形（由一長條布大致對折縫製而成背後一長一短）的喪帽。

喪帽的材質有麻、苧（黃）、白、藍、紅等色。會依照親屬與亡者之間的對應關係，分身分稱謂而採用其應有的喪帽顏色與型制。

如已婚的兒子之喪帽，為圓形白布底，上罩一圓形麻布，再繫上草箍；而已婚的長孫則仍以白布為底，將外面的麻布換成苧布，再繫上一草箍即是。內孫則是以白布圍頭，中間加上一長條苧布，苧布中央底下再加一小塊藍布，以示身分不同。曾孫則身穿藍衣，頭戴藍色倒梯字形六樑巾的喪帽。

外戚的頭白／李秀娥 攝

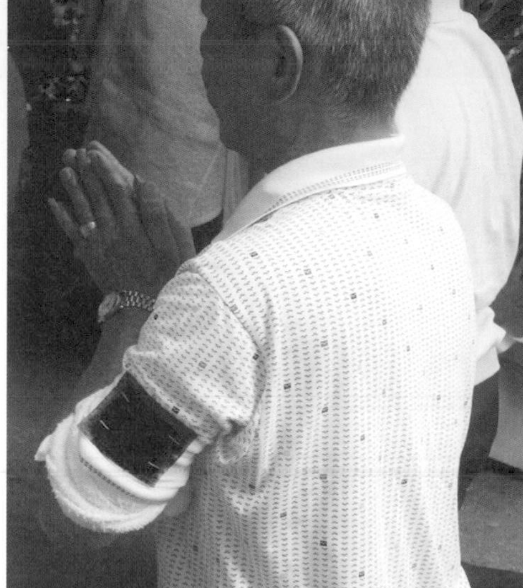

男性親戚將喪巾繫在臂上／李秀娥 攝

頭白

為喪禮孝服服制中所戴在頭上的帽子，稱為「喪帽」，閩南音稱為「簕頭」、「頭白」、「頭白仔」。男性的直系子孫、族親、外戚，多戴圓形加草箍（已婚之子、已婚長孫）或倒梯字形六樑巾形的喪帽，或是白布圍頭中央加上一小方塊的痲、苧、藍、紅色，女性的喪帽則多為三角錐形（由一長條布大致對折縫製而成背後一長一短）的喪帽。喪帽的材質有痲、苧（黃）、白、藍、紅等色。會依照親屬與亡者之間的對應關係，分身分稱謂而採用其應有的喪帽顏色與型制。[60]

喪巾

為喪禮中孝服服制之一，屬於重要的男性姻親，身穿白袍，一般皆用七尺白布（或兩條白毛巾）披在肩上，故稱「喪巾」。亡者為男性時，披左肩右斜；若亡者為女性時，披右肩左斜，女性姻親則一般皆為白布的頭白即可。倘若事先無法知道會出席的親戚是男性或女性時，則可一律用白布披肩或繫在手臂。[61]

治喪

治喪階段，包括招魂幡（孝幡）、布幡、靈頭幡（七魄幡）、喜喪燈（大燈、麻燈）、麻燈、棺木、接板（接棺）、乞水（淨水）、乞火灰、壽衣、圍庫錢等項目。

釋教長四方形招魂幡／李秀娥 攝

白色長四方形的招魂幡，放在靈位的一角／謝宗榮 攝

招魂幡（孝幡）

招魂幡多請道士代為製作，出殯時由喪主舉著繫在帶頭尾青的長竹枝上，喪主身穿孝服走在靈前，所以又稱「孝幡」，俗稱「幢幡」。招魂幡可分兩類：一是平面的「布幡」；一是立體圓形的「七魄幡」[62]，又稱「靈頭幡」。布幡多為中部以北釋教法師所習用，而「靈頭幡」（七魄幡）則為南部靈寶道派（烏頭道士）所習用。繫在一支帶頭尾青的細竹枝上，意寓以枝葉繁茂象徵將來子孫繁衍興盛。做為為亡者引魂領路之用，使亡者可順利通往仙境、西天或極樂世界，等除靈以後再火化。也有人在作七燒庫錢和紙厝時一起火化。

布幡

為招魂幡的一種，以帶頭尾青的長竹枝繫住，中部以北釋教法師多以長四方形平面的四條白布為主，稱為「布幡」，長約三尺七寸，長白布條上面寫有亡者的生卒年月日時、姓名、「左三魂右七魄」、「金童行引西方路」、「玉女後隨極樂天」等字樣。[63]

屏東小琉球出殯時，墳上插滿圓形靈頭幡，外家正在巡墓／李燦郎 攝

靈頭幡
（七魄幡）

為招魂幡的一種，以帶頭尾青的長竹枝繫住，南部靈寶道派（烏頭道士）習慣製成圓形的「靈頭幡」，也稱「七魄幡」，以紅黃色布綴飾，垂有十條白布條，男性加上綠色紙條，女性加上黃色紙條，幡上寫有亡者的生卒年月日時，以及姓名稱諱，也分別書三魂七魄之名，三魂即爽靈、胎光、幽精，七魄即尸狗、伏矢、雀陰、吞賊、非毒、除穢、臭肺。圓幡頂上再繫一小鈴，隨著招魂的動作可發出清脆的聲響。[64]也有靈頭幡不寫亡者生卒年，而是自上而下寫著如：「雨沖言道力神旛乙首攝召亡過顯考諱〇〇官魂儀今日赴棺入殮停柩在堂擇同出殯護送東土接引回家堂朝又奉祀來詣玄壇往生仙界」，其上端兩側寫有「金童接引朱陵府，玉女追修積善家」，其下端兩側寫有「聽法聞經，領沾功德」。

南部靈寶道派常用圓形的靈頭幡／謝宗榮 攝

鹿谷地區喜喪燈，紅為喜燈，白為喪燈／李燦郎 攝

喜喪燈

（大燈、麻燈）

傳統家庭一般會在大門懸掛兩盞「喜燈」（白底紅字，上書該戶字姓），若遇喪事再加掛兩盞「喪燈」（改以白底藍字，上書該戶字姓）。喪燈由上而下分別圈有「麻、苧、白、藍、紅」等五色布，象徵五代同堂；旁邊再垂下一條「麻垂布」，長度端視亡者傳子孫幾代，若傳五代，則可垂至紅布底下，若傳四代，則可垂至藍紅布之間，若傳三代，則可垂至白藍布之間。喜喪燈分別是在表示停柩在堂和出殯後時懸掛，停柩在堂時懸掛的方式自左而右順序是「喜燈和喪燈，喪燈和喜燈」，表示「喪內喜外」；出殯後懸掛的方式自左而右順序是「喪燈和喜燈，喜燈和喪燈」，表示「喜內喪外」。[65] 現代人生活形態改變，日常門口普遍已不掛喜燈，除非是較傳統保守的聚落或家庭才會保持此傳統，所以一般民間喪事時，有的只剩懸掛一對白色藍字的喪燈而已。

台南永康地區的喜喪麻燈／謝宗榮 攝

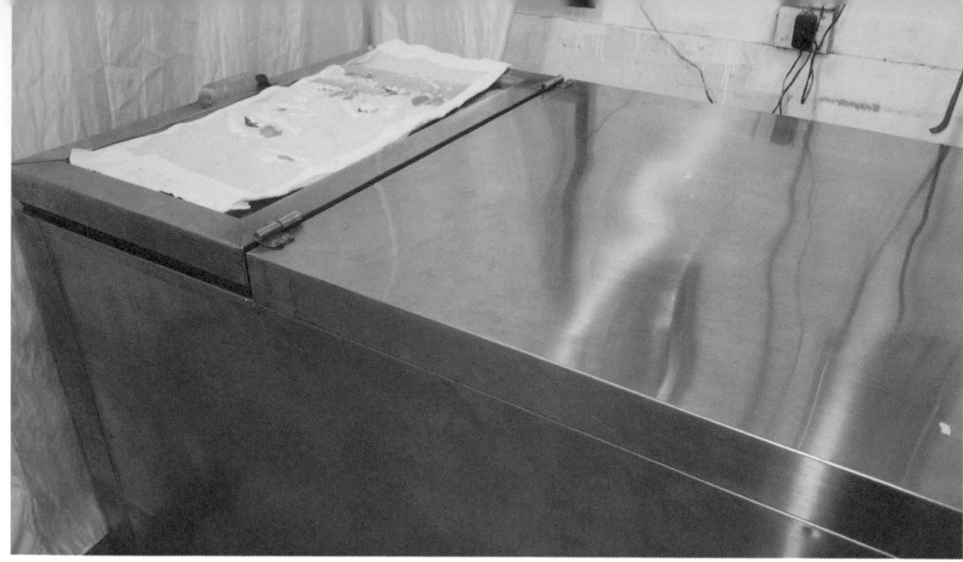

存放遺體的冰櫃／李秀娥 攝

麻燈

喪事時所用的各式各樣的燈，通稱為「麻燈」，因為以竹桿托住，又稱「托燈」。昔時有用：大門燈、甘燈、孝燈、紅燈、富貴燈、百子千孫燈等。後來除了孝燈仍普遍使用外，其餘麻燈則較少使用。孝燈為圓椎型的，以竹骨為架，外面再糊上白紙，也稱「高照燈」，孝燈為白底藍字，上平下尖，前面書寫「幾代大父」或「幾代大母」，後面題該戶字姓。燈上的代數，依照習俗，如果是三代者，則多加一代書四代；四代者，則書五代；若真正五代者，則改用紅色題字。燈上也會視亡者傳衍的家族代數，而以數色麻布折成數層環繞在燈上，或是只是一整疊貼在燈的上方，平常懸掛在大門兩旁，出殯時取下繫於竹竿上，由兩童各扛一燈，隨魂轎兩側緩緩而行，以示世人。

台南市紅色喜喪麻燈／謝宗榮 攝

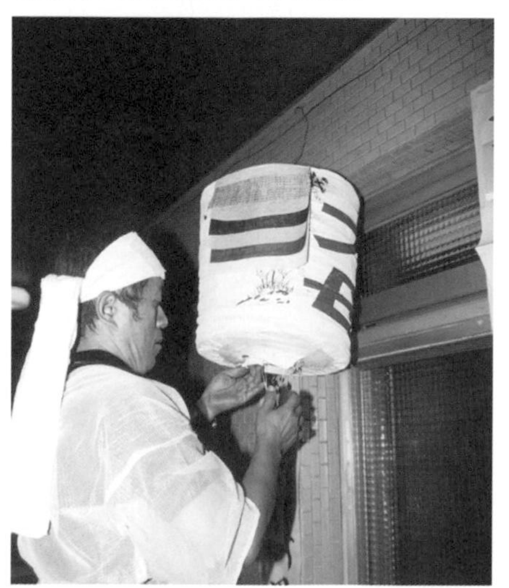

士林喪家正在門口懸掛白色喪燈／謝宗榮 攝

布圍內的土葬壽棺／謝宗榮 攝

華麗的彩繪土葬福棺／李秀娥 攝

棺木

棺木，或稱棺材，台語也稱為大厝或大壽（意有高壽往生後所居住的大房子），是喪葬事務中，必須且重要的物品。棺木一般分「土葬棺木」與「火化棺木」兩種。土葬棺木都是依照傳統製作，耗時費材，價格比火化棺木高出很多。

1 土葬棺木

就是傳統棺木，由一整塊大木料製作而成。造型因地區而有不同，分北式、中式、南式及上海式等。棺木的價格主要取決於木材的種類而非型式，台灣檜木（黃檜為佳、紅檜次之）、台灣肖楠及台灣紅豆杉最為昂貴，大陸福杉、香杉次之，其他國外進口木材又次之。價格昂貴的棺木要價一百萬元以上（如以檜木為棺），一般的土葬棺木價格約三萬～八萬元，高級棺木約十萬～三十萬元。

2 火化棺木

火化棺木較不講求木材材質，棺木外觀都會上漆或是貼皮處理。火化棺木比較重視內部裝潢和使用的方便性，如兩截式棺蓋方便家屬瞻仰遺容。一般火化棺木價格約八千～一萬五千元。[67]

孝眷著孝服捧米跪地迎接火化用棺木／李秀娥 攝

接板

（接棺）

當遺體要準備入殮前，得先準備好棺木，稱為「買壽板」或「買大厝」，本省人所用的棺木大多數是用楠木或檜木所製成，近代受西式文化的影響，也曾盛行過玻璃纖維製的棺木，甚至還有用銅棺埋葬的，但這樣遺體不易腐化。家屬再擇吉日吉時將棺木接回家中，一般是以吹角樂音做為引導，由四名以上的抬棺者（或土公）用小卡車運到喪家，途中若有經過橋或十字路口時，需沿途置留銀紙和紅布一條，稱為「放紙」，銀紙有留下買路錢之意，而紅布則有辟邪之意，以免路上惡鬼邪崇阻撓，棺木運到喪家時，稱為「放板」。

棺木運到時，由喪家的子女或媳婦穿孝服在門外跪接，稱為「接板」或「接棺」。棺木進屋時，得頭先進，以便入殮時頭內腳外。放板前，得先為左鄰右舍的門口貼上紅紙條，作為避邪用。

祭品是米一包、細竹圈（象徵團結）、掃帚（驅邪）、金缸（燒金用）。而金銀紙部分是福金拜土地公；小銀拜死者，均由子媳在接板時的門外板邊燒化。接棺後，家人就可在門外行「圍庫錢」的儀式，將隨身庫錢與庫官庫吏燒化，為死者生前向庫官庫吏所借來的庫錢，此時悉數歸還，以及送給亡者在陰間使用的冥幣。民間習俗中，生肖不同，所借用的庫錢多寡也不同，必須依亡者所屬之生肖而將所借用的庫錢悉數歸還庫官。

孝男捧缽向河神買水／李秀娥 攝

乞水用的水桶和陶缽，裝向河神買水的壽金、銅板／李秀娥 攝

現代社會喪俗中，多採冰櫃暫時放置遺體，以免遺體受天氣變化影響而不易保存。所以也有地方是「接板」後，馬上進行「乞水」沐浴之俗，並緊接著進行「辭生」餵食、「入殮」（入木）之俗的。

乞水（淨水）

傳統喪儀中，分孝服後，所有遺族穿好孝服，排成一大行列，由孝男捧著一個圓形的陶缽，帶領家人，由僧尼或道士一路敲打手鼓和嗩吶，引到附近的河流，並到河裡取活流水，先焚香稟告後，敬獻兩個錢幣擲筊請示同意後，才可取水，不行的話就要改到別處去取，並燒化刈金或四方金，且將兩個錢幣投入水中，象徵向河神買淨水為亡者淨身沐浴用，稱為「乞水」。[68] 而今因家家戶戶皆有自來水，加上溪流也有汙染的問題，已罕到外面溪流乞水，而多在庭院中放一桶自來水，行「乞水」的儀禮，但仍有住鄉下的喪家，因取溪流水、河水方便，也會依照傳統取河流的活水。

乞火灰

在傳統社會中，乞水回來後，孝男仍穿著孝服要到幾位鄰居家乞火灰，以備入殮時鋪在棺底之用，早期家家戶戶有傳統燒柴之大灶，故很容易便乞到火灰，但後來工商社會，改用瓦斯爐的爐火，罕有火灰可乞取，因而多改用稻灰或茶葉、石灰等物。[69]

壽衣

喪禮中乞水沐浴後，要為亡者穿壽衣之前，要先舉行「套衫」的儀式，把將要讓亡者所穿的壽衣先給喪主（孝男）各試穿一遍後，才能給亡者穿上。昔日得在正廳或中庭舉行，地上放一個米篩，米篩中央再放一把矮椅子，喪主就穿著木屐，戴上斗笠，斗笠上又套著十二個箍，兩端各點一枝紅蠟燭，手拿麻繩站在椅子上，將壽衣一件件的張開雙手於身上象徵性地比畫著試穿，因為是喪事所以壽衣為奇數，一般是穿五件或七件，也有穿到十一件的，壽衣形式以前多為明制，後來則為清式，男性穿長袍馬掛，女子穿鳳仙裝，男子則穿兩條長褲，女子則穿三件長裙，此即為「套衫」。不穿九件，因為「九」閩音同「狗」，表示不敬。如果亡者是道長的話，有的則會加穿高功道長的絳衣，但也有道長認為絳衣為高級的道官之服，不可隨棺入殮。

以五套壽衣為例，從頭到腳依序如左：[70]

男、女性壽衣示意圖
／許芷婷 繪

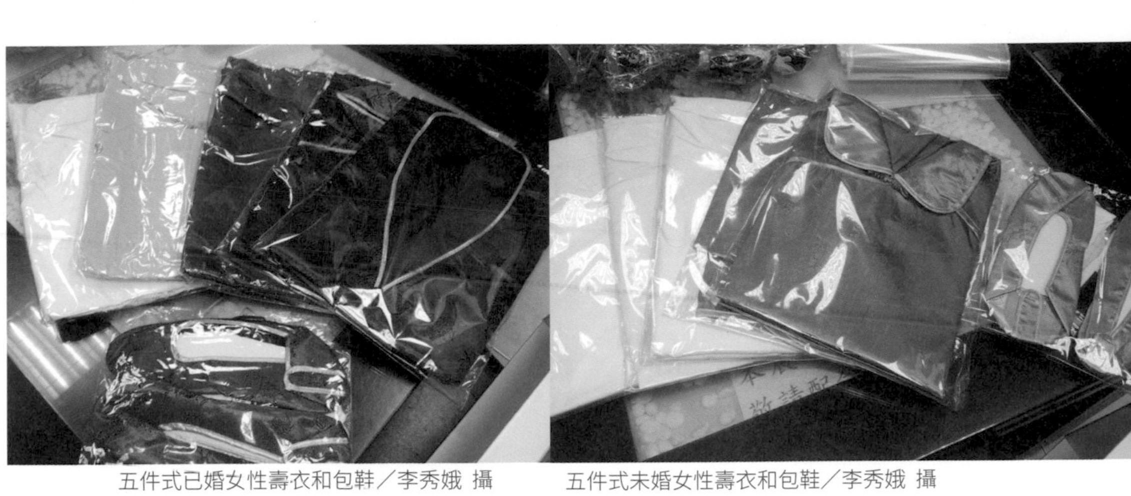

五件式已婚女性壽衣和包鞋／李秀娥 攝　　五件式未婚女性壽衣和包鞋／李秀娥 攝

當代販售壽衣者表示：目前一般壽衣都採五件式為通用的壽衣，已經很少再有穿到七件或十一件的。而且壽衣有分已婚、未婚的，例如：男性已婚長者亡後，多穿長袍馬掛戴瓜皮帽為壽衣；未婚年輕的男性亡後，穿長袖長褲的壽衣。已婚年長婦女之亡者，多穿旗袍；或是無領的外套及長裙形式；而未婚的小姐亡後，則多穿鳳仙裝的壽衣。

套衫時頭戴斗笠，腳踏矮凳，有說是古人死時不願因受異族（清人、或日本人）統治而頂其青天，足踏其地之意。而今已無此問題，所以已改去此俗，家人大都在嚥氣前，為其沐浴更衣。[71]但有些亡者因其生前有病，若沒有事先清理好其內臟汙水排泄物等的潔淨的話，太早為其換上壽衣，恐會弄髒壽衣，還得重新換上，故仍得請有經驗的土公仔或婆仔來協助較好。

圍庫錢

亡者身故後，家屬先去買大壽，即買棺木，待接棺（接大壽）後，家人就可在門外行「圍庫錢」的儀式，庫錢又稱「隨身庫」，將隨身庫錢及庫官庫吏燒化，此為死者生前向庫官庫吏所借來的庫錢，此時悉數歸還，以及送給亡者在陰間使用的冥幣。民間習俗有生肖不同，所借用的庫錢多寡也不同，肖牛、馬者，需還庫錢八萬，其餘生肖各四萬，必須依亡者所屬之生肖而將所借用的庫錢悉數歸還庫官。圍庫錢時，紙塑的庫官庫吏也要一起焚燒，表示押送點收這些庫錢。焚化後的庫錢灰，會暫時留著幾日，日後再埋入墓邊。這種庫錢為白色紙包的，裡面是一摺紙張，中間打印齒狀的線痕。另外也有一種庫箱，以厚紙糊成，內部放一些冥幣，並貼封條，會和庫錢一起焚化。出殯作功德後，也有家屬圍庫錢的習俗；此外作七期間，也會燒化庫錢。[72]

殯禮

殯禮中包括：孝杖、辭生、放手尾錢、過山褲、雞枕、掩身幡、靈位、魂帛、魂身、桌頭嫺、孝飯（捧飯）等項目。

放在魂斗中的兩隻孝杖／李秀娥 攝

孝杖

所謂孝杖又稱「哭杖」或「哀杖」。未出殯前，先供在靈桌的魂斗內，待喪禮出殯發引時，會由孝男捧著魂斗，以紅色圓形木斗中，置放亡者的魂帛、上插兩炷香、孝杖以及五穀丁錢，並由另一位家屬持黑傘為亡魂遮避陽氣。每一位孝男及長孫均有一枝孝杖，原則上每著喪服時，即應手持孝杖，至除服時才燒化。父喪時用竹杖，有節的竹枝上繫五色麻布，表示「父愛有節」；母喪時，以銅杖或苦苓杖，有表示「同心」、「母愛無限」之意。現代人也有母喪取無節竹枝做為孝杖的。代表孝男的孝杖頂端是紅布上綁上麻布，代表長孫的孝杖是紅布上綁上苧布；[73]但有的地方是代表孝男者，自外而內綁上麻、苧、藍、黃、紅、白色布，代表長孫者自外而內綁上紅、黃、藍、麻、苧、白色布。

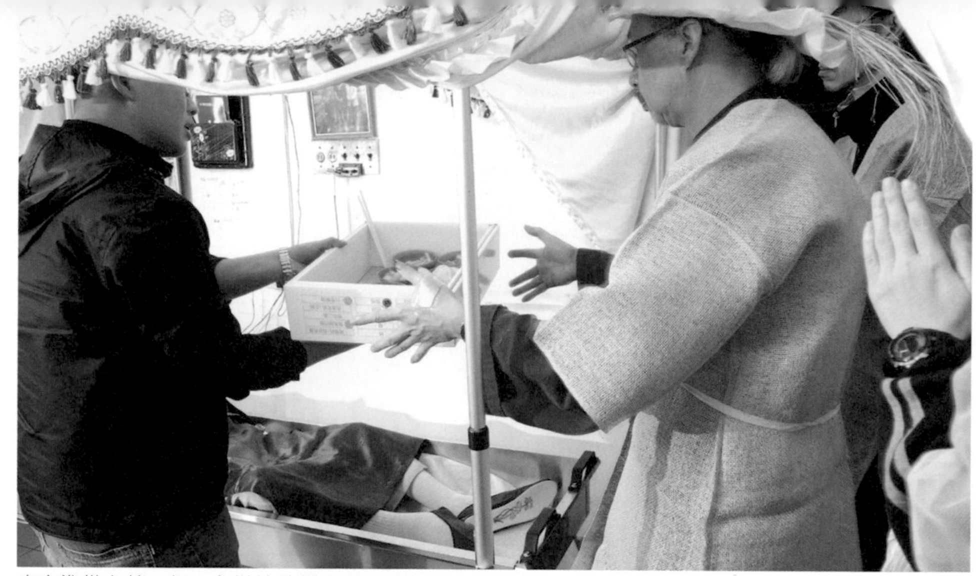
喪家準備六菜一飯，象徵性地餵亡者以辭生／李秀娥 攝

辭生

亡者在被裝入棺木的入殮前，家屬為其所準備的最後一次告別餐宴，即為「辭生」，這種告別餐宴比較慎重的人會準備六葷六素的十二道菜（也有人是準備六道菜），如豆子（吃到老老、長壽）、雞（食雞子孫好起家）、春乾（有剩）、魚（年年有賰）、魚丸（作議員）、芋頭（有頭路、工作）、豆干（作大官）、芹菜（勤儉）、肉（可避災難）、菜頭（好彩頭）、韭菜（久久長長）、豬肝（作大官）等，有的地方飯只可裝半碗，表示不可自滿。家屬也請來一位好命的人，把這十二道菜一一端起來，每端一碗便說一句吉祥話，且作挾菜餵給死者吃的樣子，但有些地方並沒有這種辭生的習俗。[74] 現代一般人家則是準備六道菜做為辭生的。

入殮時的辭生飯菜／李秀娥 攝

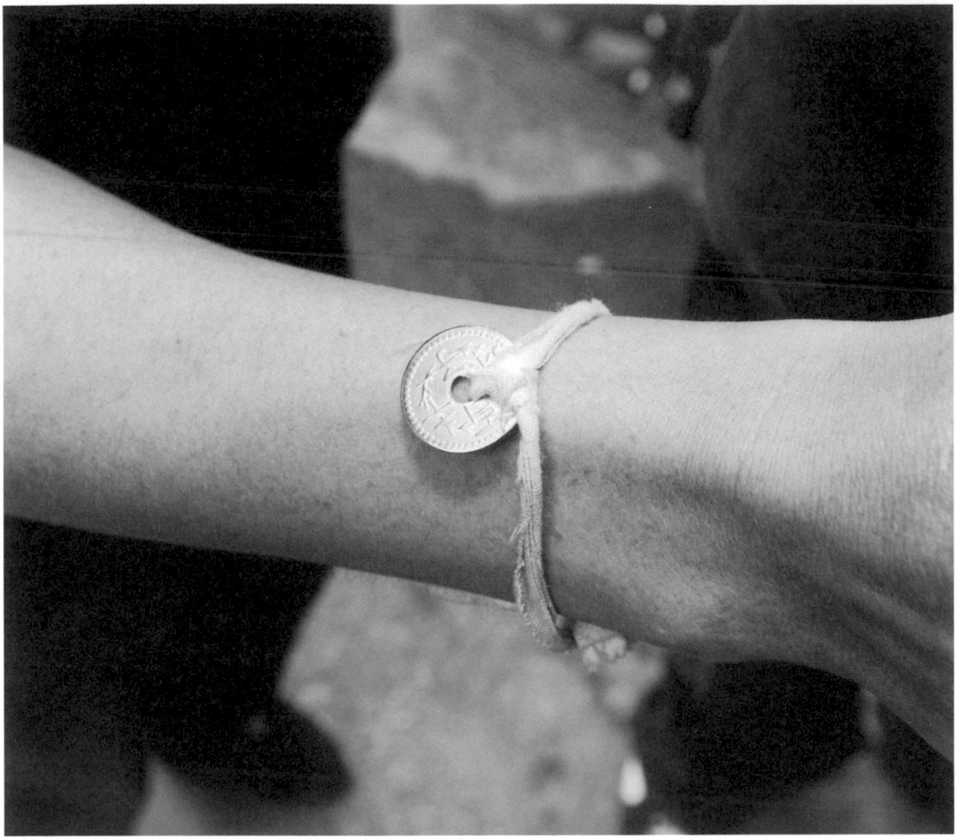

禮儀公司提供給喪家繫在手腕上的手尾錢，上面寫著「百子千孫」、「財丁兩旺」／謝宗榮 攝

放手尾錢

在亡者死亡後，所遺留的一些財產，將要分一些給子孫，即是「放手尾錢」。入殮之前，先在其袖口內放入一些錢幣或紙幣，昔日是放一百二十文錢，再將這些錢倒入一個五升斗（米斗）中，再將錢分給子孫，象徵將亡者的財富運道分給子孫，此即「放手尾錢」或「分手尾錢」，台灣有句俗語說：「放手尾錢富萬年」。後來時代改變了，古銅錢不好找，則以現代貨幣如錢幣和紙幣來替代。等到子孫分到手尾錢後，好好將這些手尾錢以掩身幡撕下的布條串起來，或是以紅包袋保存起來不花用，希望將來會給子孫帶來財富與好運道，此即「結手尾錢」。[75]而現代的禮儀公司有的則會貼心地準備一只「手尾錢」，讓家屬繫在手腕上，即一只圓形錢幣，上面鑄著「百子千孫」、「財丁兩旺」的字，中有穿孔，以白色或藍色的布為繩穿起來，可以綁繫於手腕上，象徵新亡親人給與的手尾錢。

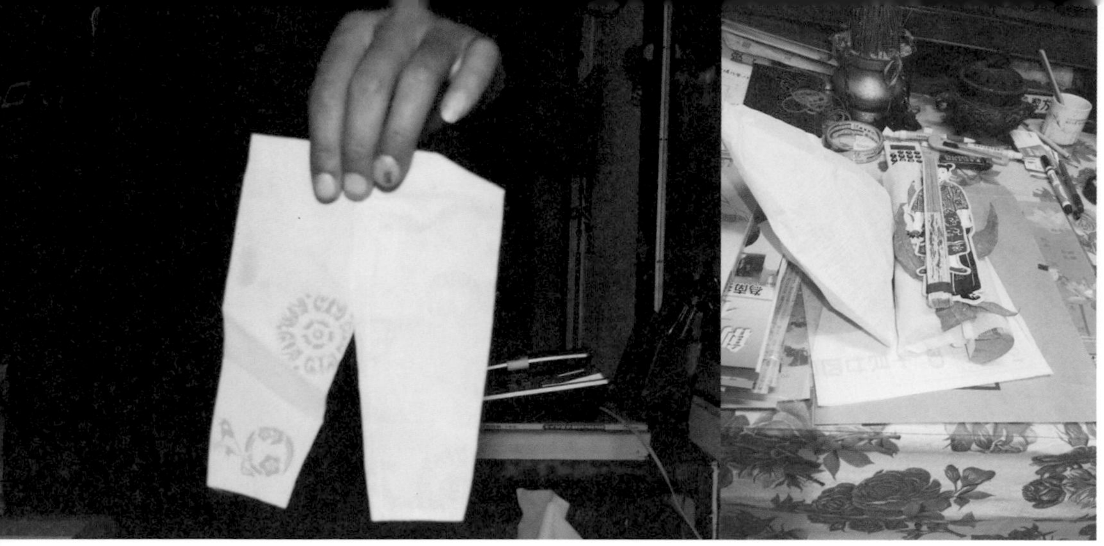

一正縫一反縫的過山褲好擺脫惡鬼糾纏／李秀娥 攝

入殮預備放在棺木中的柳枝、過山褲、扇子、一對男女棺嫺／李秀娥 攝

過山褲

將亡者依擇日師選好的時辰抬進棺木中安置好，即為「入殮」或稱「大殮」。得在棺木底舖上草絲、放稻殼灰或是石灰、茶葉等，好吸收屍體滲出的血水，其上再舖一層銀紙和蓮花金，銀紙上再舖庫錢，供給亡者在陰間生活使用。並放一塊七星枋的薄板，有祈請北斗星君為亡者消災祈福之意。其次，再放一把桃枝，可用來驅邪或驅趕陰間路上所遇到的狗或野獸。再放一顆石頭、煮熟的雞蛋，以及豆豉，意指亡者得等到石頭會爛、熟雞蛋生出小雞、豆豉發芽時，才可回來見子孫，其意主要也是告知亡者不能回來干擾陽世子孫。

之後會在其腳邊擺一件「過山褲」，以白布作成，有固定形式，一隻褲管正縫，一隻反縫，是給亡者前往陰間的山路上，若遇惡鬼糾纏時，可脫給惡鬼去穿，因為褲管一正一反，讓惡鬼無法好好穿起來，好拖延一些時間，讓亡者可脫身之用，所以稱為「過山褲」。

並放一只以紅白布縫成，裡面填滿銀紙的枕頭，稱為「雞枕」。還要放上一對男女的隨身嫺紙像，又稱「棺嫺」，好在陰間伺候亡者。並且要放入桃枝或柳木，好讓亡者可以在陰間驅趕狗兒或其他獸類的糾纏。並且要加一把紙扇，入殮時，並會實際展開為亡者搧幾下，用意是讓亡者透心涼，心頭看得開放得下，無罣無礙地離世。有的還會在胸前加上一面照心鏡（或照身鏡），照心鏡則有幫助亡者心中明瞭通透之意；照身鏡是讓亡者可以看清自

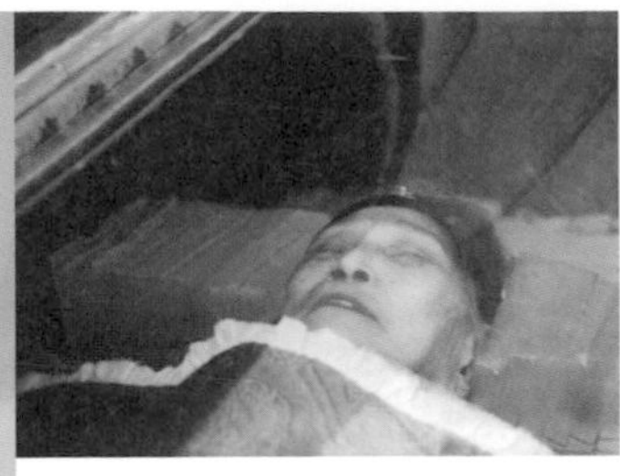

昔日入殮時以雞枕、金銀紙固定亡者頭部／李秀娥 攝

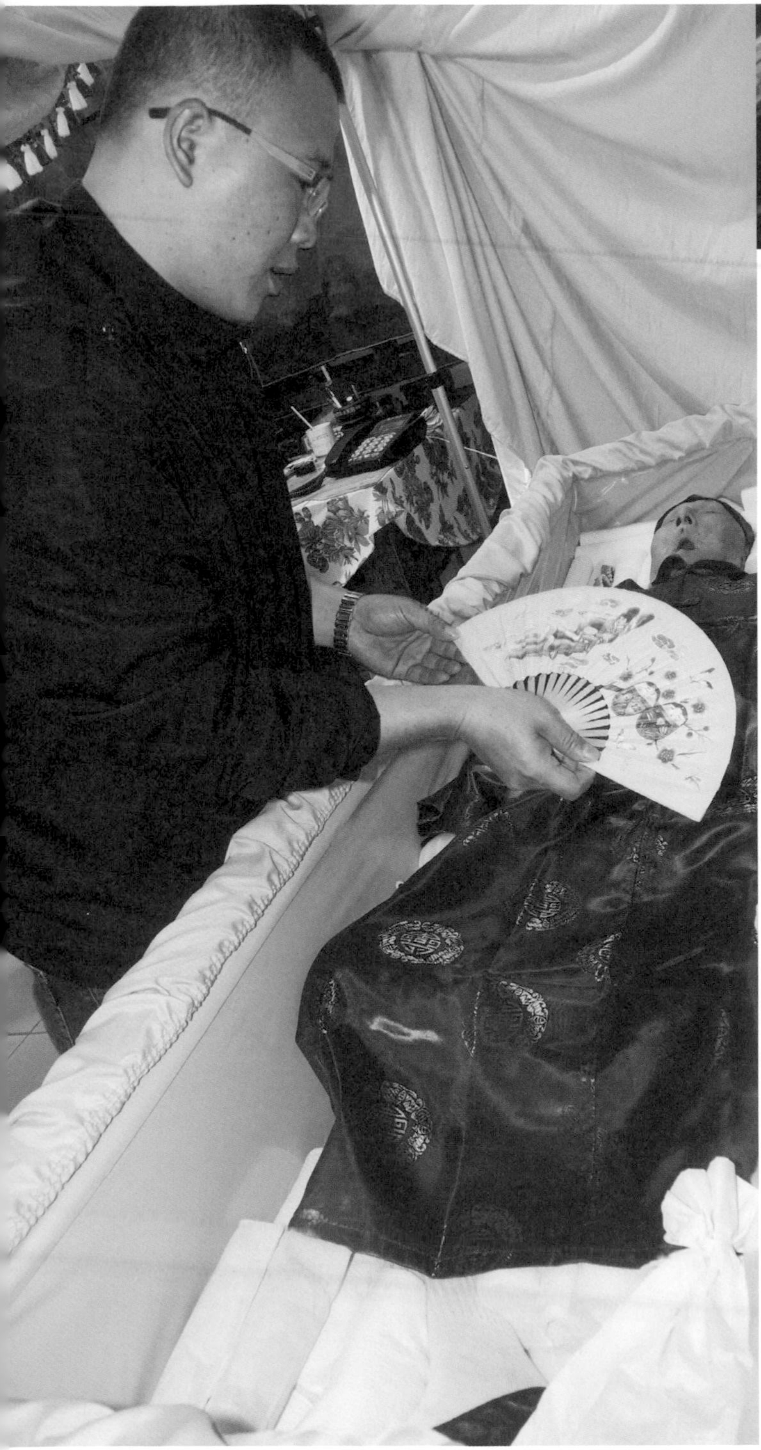

入殮時搧紙扇有透心涼，可讓亡者無罣礙的離世／李秀娥 攝

己的身影，而不會在陰間跌倒。

並把亡者生前的首飾珠寶等放入棺木作為陪葬品，遺體上面再以一條白被單中央縫上一塊紅綢子的水被，覆蓋著遺體。之後，再放進由道士所製作的白色「掩身幡」，覆蓋在亡者身上，上面又再舖一層銀紙。完成後便請道士為入殮而誦經，如誦《度人經》或佛教則誦《阿彌陀經》等，此即「收烏」，也是「蓋棺」、「封棺」之意。[76]

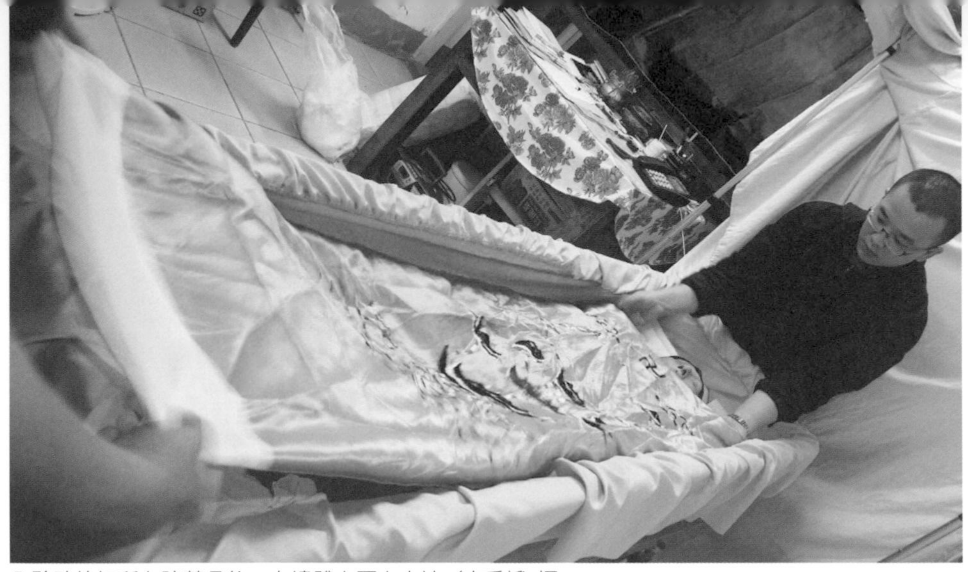

入殮時放好所有陪葬品後，在遺體上覆上水被／李秀娥 攝

雞枕

當入殮時，以白布縫製而成，面上加縫一塊紅布，裡面填滿銀紙，作為亡者的枕頭，也有裝雞毛和狗毛為枕的，或是將雞毛和狗毛插在枕頭的兩邊，所以稱為「雞枕」，裝雞毛和狗毛為枕，意思有取「雞啼狗吠」，使雞和狗皆能為亡者晨昏鳴吠，有捍醒亡者何時該起床和睡覺的作用。[77]

掩身幡

入殮時，當把遺體放入棺木中，並把亡者生前的首飾珠寶等放入棺木作為陪葬品。遺體上面再以一條白被單中央縫上一塊紅綢子的水被，覆蓋著遺體。之後，再放進由道士所製作的白色「掩身幡」，覆蓋在亡者身上，上面又再舖一層銀紙、蓮花金。有的掩身幡是蓋在棺木上面，長度約一丈長，超出棺木的部分，頭部剪下分給媳婦撕成細條綁手尾錢，超出柩尾的部分，剪下分給女兒收藏。完成後便請道士為入殮而誦經，如誦《度人經》或佛教誦《阿彌陀經》等，此即「收烏」，也是「蓋棺」、「封棺」之意。[78]但因現代手尾錢多為通行的貨幣紙幣和鎳幣（沒打洞），因此撕掩身幡綁手尾錢的習俗現代已罕見了。台南地區則稱蓋在棺木上的幡為「錢幡」。

佛化的亡者靈位／李秀娥 攝

靈位

當亡者過世後，尚未將亡者馬上埋葬，而需停棺一陣子時（即殯殮，或稱「打桶」），入殮後臨時在正廳的一隅所設的亡者靈位，此即「豎靈」或「設靈位」，供親友祭拜。如果是死後不久就下葬的，那就等到安葬後迎回神主牌「返主」後，才可豎靈，直到七七作完、或百日後，而漳州人後裔則在對年、滿一週年或三週年，才可「除靈」，撤去靈桌。將廳堂布置成孝堂，俗稱「結影壇」，設靈位時是以一張桌子做為靈桌，設有亡者的遺像，靈桌上面供有魂帛，以及代表亡者的紙塑「魂身」與一對「桌頭嫺」，而招魂幡則直豎在一旁。靈桌上並供有香爐和油燈各一座，或是點上一對白蠟燭。香爐可用一碗公裝細砂以備插香，另外再準備一張矮椅子，上面則放置亡者的衣褲、鞋襪一套，以供亡者更換，也有將亡者的鞋子放在靈桌下的。[79] 現代的禮儀公司則會準備專門的洗臉架，上方可以掛毛巾、中間放洗臉盆、下方可以放置供亡者換穿的衣褲等。

靈位旁的洗臉架，安放供亡靈使用的臉盆、毛巾、衣物、鞋子／李秀娥 攝

作功德時一起超薦的五位祖先魂身／謝宗榮 攝

陳榮盛道長的紙糊魂身與遺照，魂身也作道官模樣／李秀娥 攝

魂帛

又稱神主牌或木牌，是親人往生後，會委託道士或和尚幫忙製作的亡魂靈位，昔時用絲絹製成，後來則多用紙製。一般長約30公分，寬約10公分。道士所製魂帛，中款會書寫亡者名諱，兩邊分別寫上生年和卒年的年月日時。而中款的文字一般要符合「生老病死苦」的口訣，最好落在「老」字上，所以一般會想辦法寫成七個字或是十二個字的。魂帛在安葬時隨隊伍而行，返主後安靈時，依然供奉在靈位上，直到合爐除靈才化掉。

魂身

當亡者過世後，尚未將亡者馬上埋葬，而需停棺一陣子時（即殯殮），入殮後臨時在正廳的一隅所設的亡者靈位，此即「豎靈」或「設靈位」，以一張桌子做為靈桌，設有亡者的遺像，靈桌上面供有魂帛，以及代表亡者的紙塑「魂身」與「桌頭嫺」。[80]魂身是由紙糊店依照亡者生前的形象及收殮時所穿的服制和色彩，以紙糊作成的坐像一尊，會被置於靈桌的正中央，或是放在桌子的龍邊，魂身兩旁再分別安置一男僕和一女僕的桌頭嫺，供亡者於陰間使喚，有的則是魂身前再設一對女婢的桌頭嫺。

桌頭嫺

當亡者過世後，尚未埋葬，而需停棺一陣子時，入殮後臨時在正廳的一隅所設的亡者靈位，此即「豎靈」或「設靈位」，以一張桌子做為靈桌，設有亡者的遺像，靈桌上面供有魂帛，以及代表亡者的紙塑「魂身」與「桌頭嫺」，所謂桌頭嫺即紙塑的男女奴僕各一位，立在魂帛的兩側，也有將其誤為接引亡者到西方或生方的金童玉女，有的則是魂身前再加設一對女婢，作為桌頭嫺，靈桌上並供有香爐和油燈各一座，或是點上一對白蠟燭。[81]

紙塑的男僕，身穿清式的藍色長袍馬掛，頭戴瓜皮帽，站在龍邊；而紙塑的女僕，身穿清式的紅色丫環裝，外罩一黃色圍兜，站在虎邊。民間喪禮習俗，道士或法師還要行「教嫺」的儀式，即教導這一對男女僕人如何乖巧體貼、勤勞盡職地服侍主人（新亡者），男僕則給他「清潔哥」之名，女僕則給她「伶俐姐」之名。

著黑色長袍短掛頭戴瓜皮帽的男桌頭嫺／李秀娥 攝

著紅色短掛長祺袍的女桌頭嫺／李秀娥 攝

寫有生卒年的紙製魂帛／李秀娥 攝

靈位供桌上的魂帛與一對桌頭嫺／李秀娥 攝

在靈位前供桌上的三餐奉飯
／李秀娥 攝

靈位前的奉飯與往生錢、庫銀、銀紙／李秀娥 攝

孝飯

（捧飯）

入木封棺大殮後，台灣人翌日起早晚家屬就要為死者準備「孝飯」，又稱「捧飯」，待死者的餐飲與生活作息彷如生前一般，供盥洗用具、早午晚三餐、香、銀紙。如此直到百日結束為止，才改為初一、十五晨昏各拜一次；捧飯到對年。漳州人要捧飯三年。台灣人有公廳者，則會將魂帛立在公廳一隅，接受早晚捧飯。[82]有的地方習俗，則是自往生後，靈位設起，就要每日為新亡者準備三餐飯菜。

安奉亡者魂帛在公廳，家屬每日為其捧飯／謝宗榮 攝

奠
葬禮
葬禮中，可包括：土葬、火化（火葬）、骨灰甕（骨灰罈）、起柴頭、家奠、公奠、封釘、繞棺、點主、呼龍、祭墓主、分五穀丁錢、巡山、銘旌旗、五色旗（五彩旗）、靈厝（紙厝）、普陀巖（觀音山）、孝思堂、金童紙像、玉女紙像、孝子山、香亭、像亭、魂轎（子孫轎）、除穢淨符水、輓聯、輓帷（輓幛）、輓軸、花圈、花籃、禮籃（罐頭山）、奠儀（白包）等項目的說明。

土葬

一般民眾逝世後普遍的安葬方式有兩類，一是「土葬」；二是「火葬」（火化）。全身置入棺木內，送到墳地或墓園，挖出穴位，再將棺木送入土坑內或水泥坑的安葬方式，稱為土葬。這是較傳統的社會所習慣用的安葬方式，有些老人家認為全身土葬有接觸土氣，這樣對亡者的屍骨比較好，靈氣也較夠，較能庇佑子孫。待七、八年後，屍肉已腐爛了，便再行撿骨，以金斗甕安葬於新建的墳穴內或家族墓內。

土葬棺木落壙／謝宗榮 攝

孝男送棺木抵達火葬場火化／李秀娥 攝

火化

（火葬）

這是受到佛教思想的影響後，所逐漸流行起來的安葬方式，加上台灣因人口太多，能夠提供土葬之土地也越來越難取得，故各縣市政府及殯葬處都在大力推廣火葬，為了要將屍骨於出殯後，送往火葬場火化，所以棺木不用太好。火化後骨灰存放在較小的骨灰甕內，再於擇日的吉刻，送到公營或私營（有民間企業界所提供的安樂墓園、或佛教精舍所提供的納骨塔）的納骨塔內「進塔」安奉。

採行火化者，在告別式結束發引出殯後，便移靈柩前往火葬場，經過入爐、火化、撿骨、進塔之程序。火化前，家屬仍需敬備水果、銀紙、往生錢等，上香祭拜，法師則唱誦淨化與祝禱。當靈柩送入窆爐內點火時，孝眷得在一旁大聲告訴亡者：「○○○，火已到，趕快離開！」入爐火化後，家屬便可捧遺像及神主返家安靈，但也有家屬願意等一個半小時骨灰冷卻後，行撿骨儀式，再於吉時進塔、安靈。[83]

火化後工作人員正將骨灰裝入甕中／李秀娥 攝

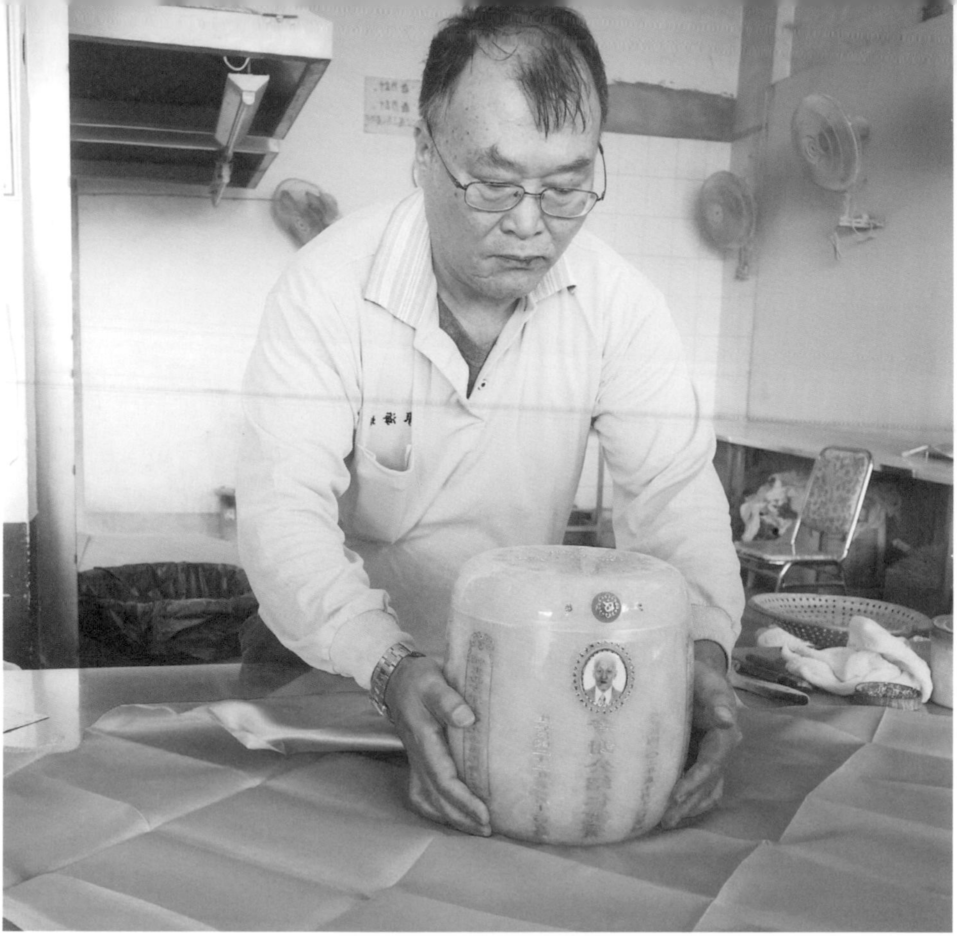

工作人員正在包裹骨灰甕好讓家屬提領／李秀娥 攝

孝男捧骨灰甕晉塔／李秀娥 攝

黃玉骨灰罈內部／李秀娥 攝

黃玉骨灰罈內蓋／李秀娥 攝

骨灰甕

(骨灰罈)

若是採火化形式的，在遺體送到火葬場火化後，要待骨灰冷卻，冷卻後再由火葬場工作人員將燃燒不完全的遺骨撿起，再和骨灰一起裝入骨灰甕中。骨灰甕又稱骨灰罈，大致有分：一、玉石骨灰罈；二、陶瓷骨灰罈；三、琉璃骨灰罈。

其中玉石類的骨灰罈是最大宗，這應與禮儀社的鼓吹有關。玉石類骨灰罈又可分為數種：

(一)大理石類，如台灣的白大理石、灰色大理石等，價格約三千～五千元。

(二)花崗石類，如青斗石、紅寶石等，價格約四千～六千元。

(三)玉石類，硬度較高，結晶細密，如白玉、青玉、黃玉等，價格約八千～一萬五千元。

(四)寶石類，硬度最高，結晶細緻，如碧玉、芙蓉玉等，價格約三萬元以上，十餘萬元也是常有的事。

而陶瓷骨灰罈是用傳統的陶土或瓷土捏製燒成，現今的瓷質骨灰罈燒製精美，質感溫潤，也逐漸受到歡迎。價格約三千～一萬元。

琉璃骨灰罈與陶瓷類骨灰罈一樣，都是人工燒製而成。由於佛教裡的七寶，琉璃是其中一項，因此許多信仰佛教者頗喜歡琉璃燒製的骨灰罈。價格約三千～一萬元。84

一般骨灰罈以玉石的材質為主，可以印上亡者的遺像、姓名。蓋上甕蓋後，外面再包裹一件黃布巾，好讓家屬前來領取骨灰甕，再送到公立或私立的納骨塔（寶塔）中進行「晉塔」（進塔）或稱「進金」的祭拜儀式。

黃玉骨灰罈／李秀娥 攝

家奠禮家屬及徒弟們，跪拜亡者陳榮盛道長／謝宗榮 攝

台南市陳榮盛道長仙逝，家奠禮家屬跪地獻果／謝宗榮 攝

起柴頭

出殯當日，依擇好的時辰將棺木抬出院子，稱為「移柩」。並在靈前擺上幾張桌子，由家屬以及親友供上五醴牲祭，包括五牲醴、水果、禮品等為供品，稱為「起柴頭」或「起車頭」，「五醴」是由出嫁的女兒或外孫，分別將婆家送來的「牲禮」，擺在靈桌上後，家屬與外家親戚再依序三跪九叩，此時喪主要跪地回禮，期間則由禮生當司儀代為誦唸祭文。

家奠

死者未出殯前，曰「奠」不曰「祭」，所以在出殯的當天，佈置好供眾多親友齊聚一堂告別致禮的大靈堂，四周安置各方親朋好友致贈的鮮花、輓聯、果品，這也是由家屬和親戚，最後一次為死者的遺體上香致禮的道別式，稱為「家奠」。

陳榮盛道長的告別式，郭獻義（右三）道長率道眾起靈唱誦道曲／謝宗榮 攝

公奠

家奠之後，則為公奠，在出殯的當天，布置好供眾多親友齊聚一堂告別致禮的大靈堂，四周安置好各方親朋好友致贈的鮮花、輓聯、果品，這也是由死者或家屬的友人機關團體集體上香或鞠躬，最後一次為死者的遺體致禮的道別式，稱為「公奠」。近代有些較有名望及社會地位的人家，則盛行由有名的親友組織治喪委員會，來統籌辦理公奠的儀式。

子孫釘或稱孝子釘／李秀娥攝

封釘

在出殯當日，當家奠、公奠完畢，會請專業的道士前來誦經，誦完經後，則進行蓋棺「封釘」的儀式，以長鐵鎚象徵性地把四根四角形的釘子釘在棺材蓋上，假如死者為母親，便請外戚來封釘，如果亡者為父親，便請同姓的好命人或同輩來封釘，最後再輕輕釘下「子孫釘」，讓喪主以牙拔出來，並從棺木上削下一塊木頭，一起供在靈桌的香爐裡，等到喪期滿時才能丟棄。封釘的同時必須唸祝福的話，一般由道士代唸，如「一點東方甲乙木，子孫代代居福祿；二點南方丙丁火，子孫代代發家伙；三點西方庚辛金，子孫代代發萬金；四點北方壬癸水，子孫代代大富貴；五點中央戊己土，子孫壽元如彭祖。」或是誦唸「手持金斧欲封釘，金斧舉高高子孫巾狀元，金斧拿落低子孫居萬世。一釘團圓，二釘富貴，三釘昌盛，四釘吉慶，五釘滿盈。」

黃政雄道長以硃砂筆在魂帛上行點主禮／謝宗榮 攝

繞棺

「封釘」儀式完畢後，再由道士或和尚為前導，在鐃鈸的伴奏聲下，孝男和孝媳等家屬，每人手持一盞紅色小燈籠，稱作「紅燈」；跟在後面繞棺三圈，有為亡者照明陰間路程以及依依不捨之意，而燈亦有「丁」之意，也有出丁興旺之意，此即「旋棺」；旋棺後，以抬棺用的槓子分別放在棺木的上下左右，再以麻繩緊緊綁起來，此即「絞棺」。並為棺木罩上華麗的棺罩，或是墜滿往生咒所折成的蓮花形蓮花被。

點主

傳統上抬棺發引出殯，送往墳地後才會在祀后土祭拜後舉行「點主」儀式，並由點主官進行「點主」的儀式。古代原本多請舉人、秀才或有身分的賢達者充任「點主官」，為家屬執行此項「點主」的儀式，現代多請道士或地理師代為執行。

行「點主」的儀式，即子孫為了求吉祥發達聰穎高陞，請有身分地位的「點主官」，用硃砂筆在捧主者（孝男和長孫）所背負的神主之上下左右中點上朱筆，繼而再以墨筆於硃點上點上墨點，並誦念吉祥詞句祈福，如「請開朱

公奠賴清德市長行三獻禮獻花／謝宗榮 攝

點主官台南市賴清德市長，正以硃筆為陳榮盛道長的魂帛點主／謝宗榮 攝

筆昌昌，日出接三光。指日高升，科甲連登。孔子賜吾文昌筆，把筆對天庭。點天天清，點地地靈；點人人長生，點耳耳聰；點目目明，點主主安；點主子孫昌盛，吾今硃筆插在墳，代代子孫招興旺，進喔！發喔！」此即「點主」的儀式。現代社會也有便宜行事，若重要的點主官不親到墳地者，則會在告別式「家奠」行三獻禮後，同時進行「點主」的儀式，接著再進行「公奠」禮。

呼龍

而在墳地「點主」後，接著要進行「呼龍」的儀式，民間俗信地理風水之說，山脈有龍脈，山神為龍神，祭墓之後要有「呼龍」，請龍神多照顧這塊墓土，庇佑子孫興旺。

祭墓主

之後進行祭墓主的儀式，將神主置於墓碑處，並請一人持傘遮住陽氣，準備五味碗、發粿、飯、酒、銀紙等，由道長舉行祭祀的儀式，子孫與送葬的家屬親友等上香拜墓。

孝眷旋墓亦有象徵完墳巡山之意／謝宗榮 攝

黃政雄道長正在給孝眷發五穀丁錢，以示添丁富貴之意／謝宗榮 攝

分五穀丁錢

接著進行「分五穀丁錢」的儀式，由道士撒五穀丁錢（如稻子、玉米、豌豆、高粱、黃豆等五種穀子，鐵釘、錢幣，有象徵米糧豐足、添丁發財之意）於墓園，撒五穀丁錢時，道長需誦唸吉祥詞句，如「一送東方甲乙木，代代兒孫受福祿；二送南方丙丁火，房房兒孫有傢伙；三送西方庚辛金，房房兒孫富萬金；四送北方壬癸水，代代兒孫同富貴；五送中央戊己土，代代兒孫壽如彭祖；五穀送五方，凶神惡煞歸本洞；五穀送天天清，送地地靈，送人人長生；五穀送得完，代代兒孫中狀元；五穀收入斗，代代兒孫萬萬口。進喔！進喔！」家屬在旁同時應合「有喔！」道長會將斗中的五穀丁錢剩一些分給在場的孝男與子孫，最後並帶一塊墳土回去，一同放在有神主、五穀丁錢的紅色斗中，象徵日後五穀豐登、添丁發財，此有「培土」之意。

巡山

繼而由道長率領家屬捧著神主、魂斗與遺像等繞墓穴三圈，以示依依不捨，亦有提前「巡山」之意。

南投市送葬行列長者手持銘旌／李秀娥 攝

陳榮盛道長喪禮之銘旌旗／謝宗榮 攝

銘旌旗

喪禮時，會有親友致贈的「銘旌」或「銘旌旗」，於送葬行列中，由一位親人舉著，行至墓穴安葬時，需依地理師所擇下葬的時辰準備放下靈柩或銘旌，再掩土封壙，喪主必須以鐵鍬劃下第一劃土埋於棺木上，即稱為「安葬」。

銘旌原為表彰亡者所用，古代由朋友致贈書寫亡者官階姓名，豎立於棺木側邊的大旗子，一般庶民百姓則不用，現代則由女婿致贈，一人一支，或數人合贈一支，送葬時由女婿持著。直到墓地安葬時蓋在棺木上一起埋葬。若為火葬，則是返家後焚化。[86]南投地區則是返主後攜回安靈時擺在靈位背後牆上懸掛著，直到除靈時才燒化。銘旌多為長方形白布中縫紅布，紅布中間寫有某某名諱享年歲數之銘旌，旁邊的白布則書「山上自有千年樹，世人難逢百歲人」。

五色旗（五彩旗）

又稱「五彩旗」，為喪禮出殯行列中所需的，用紅布、淺黃布、白布、黃布、麻布等五種布所作成的五色旗，分別紮在兩根竹竿上，一共為五對。這也是增加喪禮的排場之壯觀作用。[87]

吳東霖作雄偉華麗的傳統式紙糊靈厝，有花園護龍／謝宗榮 攝

靈厝

（紙厝）

為喪禮中敬獻給亡故的祖先到陰間居住的紙糊屋厝，所以有的稱「紙厝」，又因為是給亡靈所住，故又稱「靈厝」。會在出殯前先由紙糊店師傅或僅紙糊的道士以竹骨、紙片紮糊好，送來喪家擺放，直到出殯完，作功德結束後，才燒化給亡靈使用。靈厝初送來時，喪家要先準備好富貴燈、竹篾、紅圓、發粿等供品，舉行「入厝」儀式。[88]入厝的供品，紅圓、發粿、或糖果等，需強調以圓形為主，有團圓、圓滿之意。入厝時，道士或法師還要教嫺，意即教導男女僕人到了陰間的靈界，要認真乖巧的服侍亡者，男僕稱清潔哥，女僕稱伶俐姐。

喪禮中除了紙糊的靈厝外，還有華麗的普陀巖、二十四孝山、孝思堂（供祖先居住）等，但時代在改變，已罕見再特別糊二十四孝山的。而化給亡者於陰間使用的紙糊靈厝（紙厝），昔日多為傳統建築屋厝，有一進（一條龍式）、二進或三進的，廳面為三開間、五開間或七開間，還會加雙護龍、花園廊牆等，故有俗稱「七包三」（門廳三開間，加四條護龍，共三進）、「九包五」（門廳五開間，加四條護龍，共三進）的說法。

另有多名奴僕隨侍，造型精巧美觀，紙糊的配色鮮豔華麗，因應現代生活的需求，會在伸手護龍花園內，加上現代化生活的設施與用品，如轎車、摩托車、直昇機、手機、洗衣機、佣人奴僕數名，甚至是主人翁生前的嗜好物，

吳東霖作有三個門廳的傳統式紙糊靈厝／謝宗榮 攝

如獵槍、弓箭等。現在因時代改變，有的則要求糊紙師傳將傳統靈厝改為西式別墅的洋房，加上轎車、庭園等，非常壯觀。陪葬的紙糊器具則也因應目前的生活用品而有紙糊的摩托車、電腦、飛機等。[89]有的傳統式靈厝上面會特別寫上對聯，如「別有天地非人間，獨居乾坤超世界」、「身居東土萬年安，魂去西天千古在」，以顯示亡者於今身處陰間所居處的意境。送靈厝給亡者也需準備靈厝的地契一份，以為冥間的憑證，隨同靈厝一起火化送給亡者。

張徐沛作西式樓房紙糊靈厝孝思堂／謝宗榮 攝

張徐沛作西式樓房紙糊孝思堂，兩側有金童玉女／謝宗榮 攝

供歷代祖先居住的
宣慰府／謝宗榮 攝

現代西式別墅紙糊靈厝／李秀娥 攝

張徐沛作帶騎銀山／謝宗榮 攝

張徐沛作帶騎金山／謝宗榮 攝

紙糊銀山
／謝宗榮 攝

紙糊金山
／謝宗榮 攝

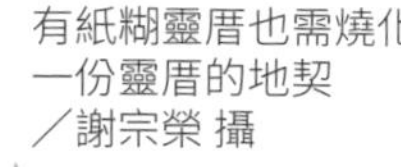

有紙糊靈厝也需燒化
一份靈厝的地契
／謝宗榮 攝

紙糊靈厝內附有紳士型
摩托車／李秀娥 攝

紙糊靈厝內附有直昇機和摩托車
／李秀娥 攝

紙糊靈厝內附有三輪車和女僕
／李秀娥 攝

吳東霖作紙糊普陀巖／謝宗榮 攝

普陀巖（觀音山）

為紙糊的一座山巖，主要是以觀音大士坐鎮的普陀山巖為主，故稱「普陀巖」，通常是與另外兩尊紙糊的「山神」（位於龍邊）和「土地」（即福德正神，位於虎邊），成組出現。一般道教的法師所執行的中元普度法會上，常見到普陀巖和山神、土地神，而在道教的喪禮作功德的法會上，亦可見到普陀巖、山神、土地神一起出現，這也是作為功德法會上超度亡者和其他孤魂之用。普陀巖上的造型，常做一山岩狀，岩下正中央端坐一白衣的觀音大士，其兩旁分別站立兩位侍從善財（俗稱金童）、龍女（俗稱玉女），其前面則有三藏取經的故事人物，有唐三藏騎白馬，其徒孫悟空、豬八戒、沙悟淨三人相隨，有的還會在普陀巖上再紙塑四大天王，即風、調、雨、順四大金剛。紙糊匠師會以其師承手法，以竹骨紮製，並用各色色紙，剪貼而成，頗具傳統民俗藝術的特色。

紙糊立姿山神／謝宗榮 攝

紙糊立姿土地神／謝宗榮 攝

張徐沛作靈厝前美人體的金童／謝宗榮 攝

吳東霖作靈厝前的金童（右）和玉女（左）／謝宗榮 攝

孝思堂

此為喪禮中紙糊靈厝的一種，但不是供給新亡者，主要是敬獻給以前亡故的祖先們於靈界所居住的住所，故稱為「孝思堂」。這種祖先們的紙糊靈厝，為竹骨紮製架構，外面再黏貼上各色的色紙，有些部分則有現代化的制式印刷紙片，可以黏貼，有些部分則依紙糊匠師的師承與其個人的創意和美感，另外加以剪、黏紙片（俗稱剪刀花）等裝飾而成。

但也有紙糊匠師將供給新亡者與祖先一起居住的靈厝，也稱為「孝思堂」，另外供給其他更早期的歷代祖先靈居住的紙厝，則稱為「宣慰府」。可見每一派紙糊匠師有其不同的傳承與習慣用詞。

金童紙像

配合靈厝（紙厝）一起由紙糊店做好，送來的還有較大尊的金童、玉女的紙像隨侍在側，金童在靈厝的龍邊，玉女在靈厝的虎邊，金童玉女會手持靈幡，有接引亡者到西方極樂世界或到生方、仙界之意。金童的造型為立姿，身穿古代藍色長袍，頭戴銀冠，雙手合抱，持一只靈幡，幡上寫有「金童接引西方路」的字樣。等到出殯作功德結束後，與靈厝一起火化。

張徐沛作靈厝前美人體的玉女／謝宗榮 攝

玉女紙像

配合靈厝（紙厝）一起由紙糊店做好，送來的還有較大尊的金童、玉女的紙像隨侍在側，金童在靈厝的龍邊，玉女在靈厝的虎邊，金童玉女會手持靈幡，有接引亡者到西方極樂世界或到生方、仙界之意。玉女的造型為立姿，身穿古代黃色上衣，紅色長裙，頭戴銀冠，雙手合抱，持一只靈幡，幡上寫有「玉女隨行極樂天」的字樣。等到出殯作功德結束後，與靈厝一起火化。

孝子山

又稱「二十四孝山」，所以簡稱「孝子山」，由紙糊店師傅以竹骨、紙片所糊製而成，上面佈滿二十四孝的故事人物主題，有代表家屬對亡者所盡的孝思，就像古代二十四孝中懂得盡孝的人物一般，這樣也可安慰亡者。孝子山上，紙糊人物設色精巧雅緻，與靈厝一樣常常吸引許多家屬和鄰居的圍觀。

出殯時要安放香爐的香亭車／李秀娥 攝

香亭

出殯行列中隨隊而行的亭子，亭內有放亡者香爐的木製彩亭，爐內點淨香，故稱「香亭」。以前香亭多由兩人扛抬，今則多放在卡車上。90

像亭

出殯行列中隨隊而行的亭子，有「香亭」和「像亭」，「香亭」是放置香爐的木製彩亭，而「像亭」則是放亡者遺像的木製彩亭，故稱「像亭」。91
現代有些地方則簡化像亭，而將亡者遺像綁在貨車前方保險桿上方，隨著送葬車隊前進，路人一看，便可知道亡者的長相。

魂轎（子孫轎）

為出殯送葬的行列中所需的大轎子，一般是排在陣頭之後，魂轎為木骨架或竹架所糊成的轎子，如真人乘坐般大小，外面糊上紅藍呢布或紫色等彩色紙張，由紙糊店或道士所做，北部有的魂轎則不用紙糊，外觀改由黃、白菊花等假花綴成，不用人扛，而由車子運送。

由台南佳里林清隆道長所作，華麗的紙糊魂轎，好為亡妻送行／謝宗榮 攝

小琉球仍保持傳統返主時，由捧斗孫坐在人扛的大魂轎（子孫轎）內／李燦郎 攝

本來傳統上，魂轎內放置裝有魂帛（或點主後的神主牌）的米斗，斗內除了魂帛（或神主牌）外，還有點主用的硃砂筆、銀紙、五穀丁錢（稻穀粒、犁頭生——有豐收之意、木炭——有興旺之意、小鐵釘——有添丁之意、錢幣——有財富之意）。還有一尊紙糊的魂身，代表亡者，也放在轎內，因為轎子是安置亡魂的，所以又稱「魂轎」。魂轎的兩旁再由兩個小孩各持托燈，隨轎而行。捧斗者往墓地時，大都由長孫（現多由姪子輩），步行雙手捧持米斗，回程則置於魂轎內。[92]

當送殯完成，將死者的神主牌位（由魂帛經點主而成）從墳地迎回家中供奉，魂轎內原本應載著捧主者，捧主者一般為長孫，若無長孫時可由姪孫替代，並需拿回裝有墳土和五穀的五升斗，這個過程稱為「返主」，而捧著神主魂斗之長孫所乘坐的魂轎，也稱「子孫轎」，後來魂轎是形式上的，不能真正坐人，所以回程只放神主牌和米斗而已。北部則專設魂轎車，有一假黃白菊花裝飾的魂轎安置於無頂的貨車上，而返主時脫去孝服捧斗的長孫則坐在前座車內。

由家屬扛抬的大型紙糊魂轎／李秀娥 攝

喪禮中有燒化清淨符的抹草淨水缽／謝宗榮 攝

喪事時可去除穢氣的清淨符／謝宗榮 攝

除穢淨符水

一般當告別式的場合或送葬返主後，喪家要預先請作功德的道長或法師以毛筆或硃砂筆誦咒畫為數眾多的「清淨符」，又稱「淨符」，可直接送給要將碰觸喪禮之不潔穢氣去除的親友，或是以「淨符水」來為其除去喪事之穢氣。「淨符」所畫之內容一般自符頭到符腳可為「唵道淨罡」或「唵佛淨罡」、「唵啞佛淨罡」，而淨字一勾拖長斜書七畫，以示北斗七星，罡字上面再押一符腳。畫符時會心中默誦「開天門，閉地戶。留人門，殺鬼路。穿鬼心，破鬼肚」、「奉請普庵祖師勅此淨符，腳踏四罡救萬民」。93

所謂「淨符水」即以一較大的水盂或水桶裝清水，燒化一張「淨符」，再摘新鮮的帶葉榕枝一小段或再加上芙蓉葉數只，投入淨符水盂內，這有加強辟邪除穢的作用。因為在傳統的觀念中喪事被認為是不潔淨者最嚴重的一類，所以必須體念有些親友的生肖與敏感體質，怕會因為在接觸喪禮，回去後反而被鬼祟等不潔之物煞到，造成身體或精神不適的狀況，所以喪家必須為前來參與喪禮家奠、公奠弔唁亡者或送到安葬墳場之親友，以淨符或淨符水除穢去煞。也有去除喪事晦氣者，則是自墳地或火葬場歸返時，燒化一草把過火淨身，讓親屬走過草把燻一燻、淨水符水淨淨身即可。

講究一點的，在出殯結束後，宴請前來幫忙的親友享用一頓「散筵桌」，宴請結束後，會再送給前來幫忙的親友一份「散筵（緣）金」（含有線香、壽金、淨符、糖果），讓親友在尚未返抵家門前，找一偏僻靜處，焚香祝禱、敬獻壽金，稟求平安，讓亡靈或邪祟勿跟隨回家，這樣才可避免被跟到而人會不舒服。

火葬場設有燒火把和灑淨水的過火淨身處
／謝宗榮 攝

喪禮中散筵桌結束後，喪家提供散筵（緣）金給幫忙的親友在偏僻處祭拜用
／謝宗榮 攝

喪禮結束後，幫忙的親友在僻靜處上香，焚化散筵（緣）金，以免亡靈或邪祟糾纏造成身體不適
／謝宗榮 攝

告別式中所張掛由外甥悼輓母舅的涼被／李秀娥 攝

輓聯

喪禮中以白布寫上一幅悼緬亡者的詩句對聯垂直書寫者，通常為寬一尺半，長八尺多的白布作成，故稱為「輓聯」。一般年輕亡故的用白布書寫；有上年紀的，用黃布書寫；若五代以上，則用紅布書寫。輓聯原為古代輓歌的變體，用來表達對亡者的哀悼之意的聯對。一般而言，倘若亡者為男性，上款多用「千古」，若亡者為女性，上款則書「靈右」。至於上下款的稱呼與稱謂，則以書寫者與亡者的關係而定，若是尊長逝世，下款則不可以職銜來相對，宜用稱謂。如「子輓父」時的輓聯可用「父親大人千古：生我育我竟爾長辭騎鯨去，呼天問地遠然無語駕鶴蹤。孤子〇〇、〇〇泣淚拜輓」；若是「子輓母」的輓聯可用「母親大人靈右：遑說承歡已見昊天鶴唳，未能反哺難禁午夜烏啼。不肖男〇〇泣淚拜輓」。

殯儀館告別式中機關首長敬獻的輓帷／李秀娥 攝

輓帷

（輓幛）

又稱「輓幛」，一般為公司團體、平輩親友、世誼等所書寫緬懷亡者的詞句，故稱「輓帷」。通常是直寫或橫寫，以七尺白布書寫。而寫輓帷時弔唁語的內容，要適合亡者的性別、年齡與職業狀況。若為公司團體對尊者的輓帷，則應以公司團體的名義署名。如「輓老年男喪」者，可用「南極星沈」、「範典永垂」、「道範常存」、「德業長昭」等；「輓老年女喪」者，可用「駕返瑤池」、「駕鶴西歸」、「懿範淑德」、「母儀垂範」等。[95]

殯儀館告別式中所懸掛的輓聯和輓帷／李秀娥 攝

告別式的輓帷／李秀娥 攝

告別式中親友致贈的花圈／李秀娥 攝

輓軸

為各界貴賓致贈亡者所寫的輓詞。一般用八尺長一碼寬的白布或藍布書寫而成，有直式或橫式兩種寫法。通常為具有長官身分或主官身分者，可贈送橫式的輓軸，也可加上裱框者，稱為「額」。若不是長官或沒有主官身分的，則改送「直軸」的輓軸。而輓軸常用的詞句，如「德厚流芳」、「典型足式」、「子孝孫賢」、「德範常昭」、「懿範常昭」、「瑤池仙境」、「寶婺星沉」、「典型猶存」等。[96]

花圈

喪禮舉行公奠出殯日，會有機關團體贈送亡者花圈致意，而親友是不可以送花圈的，如想贈送也以事後可以使用的為主，例如跳床花圈。通常花圈是由鮮豔的黃菊花綴飾成外圈。花圈中間正面會書寫：

「○○先生千古：奠　高山仰止　○○○○單位○○○○敬輓」[97]

或是：

告別式中親友致贈的美麗花籃／李秀娥 攝

「○太夫人仙逝　奠　瑤池仙境　○○○○單位○○○敬輓」

現代花圈多不用鮮花，而改用假的塑膠花，花色有黃、白或是紅、藍、紫、綠等配色，有支架可以撐開豎立或靠在喪家或公奠場所的附近牆上。

花籃

喪禮舉行公奠出殯日，會有機關團體、公司行號、社團、個人等贈送亡者花籃致意。花籃可分大、中、小三種款式，是在奠儀之外另外贈送的。書寫內容大致是：

「○○先生千古：奠　高山仰止　○○○○單位○○○敬輓」

或是：

「○太夫人仙逝　奠　瑤池仙境　○○○敬輓」[98]

花籃對數不適合太多，否則會影響到奠禮場合的進行，小型的花籃可以布置在拈香桌及來賓席旁，增加奠禮場合的氣氛與排場。當家奠、公奠結束後，花籃會順便被放置於出殯的行列車隊上，一起帶到墓地，等到亡者的棺木入壙安葬後，再撒在墓園。

禮籃
（罐頭山）

在喪禮的家奠，通常會中親戚（尤其是娘家的親戚）贈送亡者以牲禮來奠祭，後來有的改以糕座禮籃，而機關團體也會致贈如水果、罐頭、食品（如味精）、菸酒、飲料等包裝而成的禮籃奠品，有的排成像一座山樣，特別是常見以罐頭所排列而成，故稱「罐頭山」。其書寫方式如：

喪家擺放親友致贈的罐頭山禮籃／李秀娥 攝

「○公○○先生千古：奠　德重如山　姻弟○○○敬悼」

或是：

「○母○夫人靈右：奠　寶婺沈光　愚姻侄○○○敬悼」[99]

等到家奠、公奠結束後，會將這些禮籃分贈給親友飲用或攜回。

奠儀（白包）

一般參加告別式的親友多會準備一些錢作為奠儀，對於喪家表示哀悼之意，並致贈喪家作為補貼喪葬費用或是日後陽世家屬的一些安家費用。又因為表達喪事，多以白色的奠儀紙袋裝錢，故俗稱為「白包」，有別於參加結婚喜宴所包的「紅包」。喪事白包的錢強調要包奇數，例如：一千一百元或二千一百元，不能用雙數，以免喪事成雙，再度帶來不吉的喪事；如果是喜事的紅包則要包雙數，例如：三千六百元，有「好事成雙」之意。奠儀白包上面有印上藍色「奠」字，或加上荷花和荷葉裝飾著；也有南部的奠儀是用鮮藍色的紙袋，上面也印有一個「奠」字，再用一圈花草紋圈圍起來裝飾著。

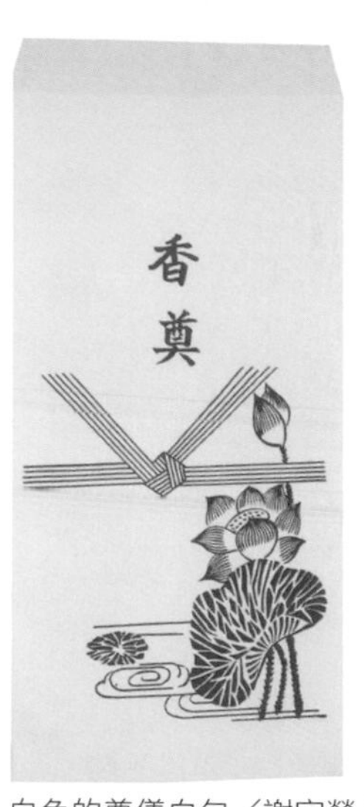

白色的奠儀白包／謝宗榮 攝

南部通用藍色的奠儀／李秀娥 攝

居喪

居喪部分，可包括：作七、作旬、作功德、作百日、作對年、作三年等項目。其中「作功德」一項又可舉例說明之，包括：

（一）功德之一：「靈前繳」

（二）功德之二：「午夜功德」

（三）功德之三：台南靈寶道派「一朝宿啟」高屏地區靈寶道派「一朝宿啟」

（四）死亡狀態與道教科儀

三七功德釋教高敏俊法師率道眾作發表功德／謝宗榮 攝

作七

死者逝世後，每七天為一次祭拜的重要日期，負責祭拜的身分也不同，俗稱「作七」，共有七個日期，分別是「頭七」，由孤哀子負責準備祭品；「二七」由媳婦負責；「三七」由出嫁的女兒負責；「四七」由姪女們負責；「五七」由出嫁的孫女們負責；「六七」由出嫁的侄孫女或曾孫女負責；「七七」或稱「滿七」由孤哀子負責；但客家人與上述閩南人的習俗略有不同，而以「四七」為女兒七。又因現代為工商業社會，有將七七四十九天改為二十四天的，即頭七、七七各七天外，其他各以每隔兩天為一七的計算方式。到了二十一世紀，有些禮儀更為簡化，亦有單作一日頭七之後，另外擇日將其他的二七至七七同一天一起做的。

三七（女兒七）功德為先亡敬祀飯菜和三牲的「拜飯」／謝宗榮 攝

三七功德獻敬，女兒和女婿敬獻飯菜／謝宗榮 攝

三七功德釋教葉宗興法師主行引魂沐浴／謝宗榮 攝

每逢作七的凌晨子時開始作七，到中午才拜菜。一般頭七、三七、五七、七七會較隆重。作七拜菜時先準備一份三牲拜土地公，如豬肉、公雞、魚、酒。拜死者時有便菜飯或五味碗，十道或十二道碗，如米飯、米粉、春乾（象徵有餘）、韭菜（天長地久）、豆乾（做大官）、芹菜（勤勞）、魚丸、肉丸（中狀元、當議員）、肉片、菜頭（好彩頭）、豬腸（生男孩）、雞翅前膀（易謀生）等；以及其他果品、紅圓、發粿（象徵子孫團圓興旺）、麵頭山（又稱子孫山或女兒山）。[100] 在北部則習慣將「子孫山」稱為「筆架」，女兒敬獻的稱為「文頭」。

若以滿七為例，敬奉亡者時可準備一碗飯、十道或十二道菜飯、蛋糕五個、文頭粿（麵頭山）數座、往生錢、小銀；龍邊供桌同時敬奉「七旬」的第七殿閻王泰山王，敬奉的祭品為熟的小三牲、蛋糕一個、文頭粿（麵頭山）數個、刈金一支。[101] 也有慎重的人家，長輩喪亡時，延聘道士作「頭七功德」的，請參本書「作功德」部分。

若以台北釋教所行「三七」（女兒七）功德為例，其程序包括：

【上午】起鼓、發表、請佛、引魂沐浴、請靈坐座聽經見佛祖、三七拜飯、獻敬、《慈悲三昧水懺》（上卷）。

【下午】《慈悲三昧水懺》（中卷）、《慈悲三昧水懺》（下卷）、開光退愿、打城（車禍意外枉死者）、走赦馬、填庫、謝壇。[102]

三七功德釋教法師行打城儀式，救拔亡者脫離枉死城／謝宗榮 攝

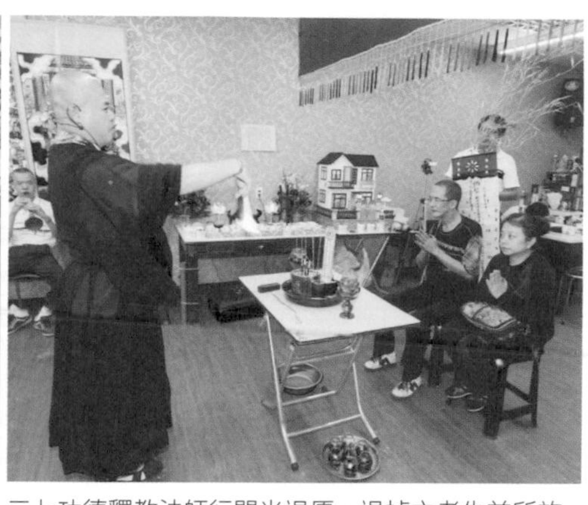

三七功德釋教法師行開光退愿，退掉亡者生前所許之願和冤愆／謝宗榮 攝

作旬

作旬為法事的一種，每一旬代表亡魂過地府一殿，作旬時由法師主持祝禱，希望亡魂平安不用受罰。作旬的專用錢包，則是獻給各殿閻王，希望閻王手下留情，審判從輕。

一般人作旬只作七旬，各旬之間日數沒有一定；有的隔日就作旬，連作七天。有的七天一次，或是一個月作一次旬。得視法師的吩咐或喪家的意見。另外，也有些人家總共作十旬。在傳統上，亡魂每過一殿需要七日，所以過完前七殿時，已七七四十九天；而百日之後，才到第八殿；到了一週年的對年，則到第九殿；三年以後，才到第十殿。作十旬者，往往為了省事，一次便做完。[103] 也有說亡者七六四十二天，即到第九殿。

《玉曆寶鈔》
十殿閻王
第一殿秦廣王
／謝宗榮 攝

《玉曆寶鈔》
十殿閻王
第二殿楚江王
／謝宗榮 攝

《玉曆寶鈔》
十殿閻王
第三殿宋帝王
／謝宗榮 攝

《玉曆寶鈔》
十殿閻王
第四殿五官王
／謝宗榮 攝

《玉曆寶鈔》
十殿閻王
第五殿森羅王
（閻羅王）
／謝宗榮 攝

以下茲以「作七」與「作旬」所敬奉之王官名稱及傳統與改良後的天數對照情形，列表說明之：

作七與作旬之王官及天數對照表

104

作七與作旬	各殿閻王與判官	傳統天數	改良後的天數
頭七	第一殿秦廣明王	第七天	第七天
二七	第二殿楚江明王	第十四天	第九天
三七	第三殿宋帝明王	第二十一天	第十一天
四七	第四殿五官明王	第二十八天	第十三天
五七	第五殿閻羅天子	第三十五天	第十五天

《玉曆寶鈔》
十殿閻王
第十殿轉輪王
／謝宗榮 攝

《玉曆寶鈔》
十殿閻王
第九殿平等王
／謝宗榮 攝

《玉曆寶鈔》
十殿閻王
第八殿都市王
／謝宗榮 攝

《玉曆寶鈔》
十殿閻王
第七殿泰山王
／謝宗榮 攝

《玉曆寶鈔》
十殿閻王
第六殿卞城王
／謝宗榮 攝

六七	滿七	頭旬	二旬	三旬	四旬	百日	對年	三年
第六殿卞城明王	第七殿泰山明王	崔氏判官	李氏判官	韓氏判官	楊氏判官	第八殿都市明王	第九殿平等明王	第十殿轉輪明王
第四十二天	第四十九天	第五十九天	第六十九天	第七十九天	第八十九天	第九十九天	一週年（小祥）	三年（大祥）
第十七天	第二十四天					百日	一週年	對年後另選一吉日

滿七七旬豐盛的祭品／謝宗榮 攝

一般各地有將「作七」和「作旬」混為一談者，而只「作七」不「作旬」。一般來說，作七旬的話，「頭旬」由孤哀子辦理，「二旬」由媳婦辦理，「三旬」由已出嫁的女兒來辦理，又稱「女兒旬」，「四旬」由姪女負責辦理，「五旬」由已出嫁的孫女辦理，「六旬」由已出嫁的姪孫女或曾孫女們辦理，「七旬」又稱「尾旬」，輪到孤哀子來辦理，以示有始有終，功德圓滿。其餘三旬不是非作不可，屬於特例，所以沒有規定。一般而言，奇數旬屬於「大旬」，法事與供品較為盛大，偶數旬則為「小旬」，法事與供品較為簡單。

作旬時如作七般的供便菜飯為供品。燒化專用錢包、以及私錢給亡靈。居喪期間未出殯前，不可過節日，遇祖先忌日也不作。出殯後有祖先忌日則如往日祭拜，但過節（如清明、端午、中元、冬至、除夕）祭祖時，必須提前一日中午祭拜新亡者，翌日再祭祖。[105]此外，重陽節時，也是祭祖的重要日子，漳州人多有重陽節統一祭祖，「作總忌」之俗。而漳州人也有為亡者特別作陰壽祝賀生日的祭祀習俗，而泉州人則無作陰壽之俗。

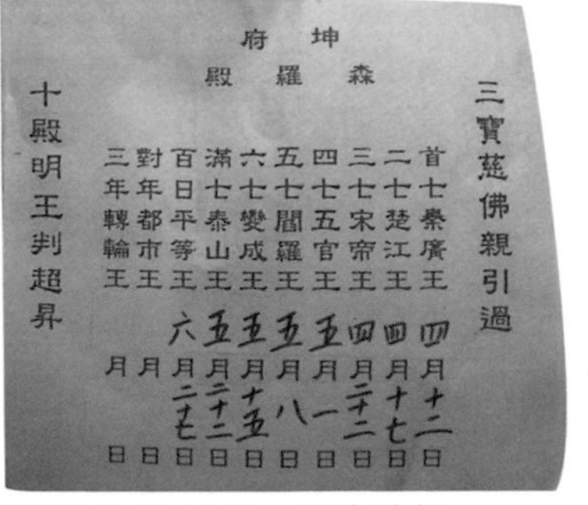

釋教作旬的十王表／謝宗榮 攝

滿七七旬祭拜亡者／謝宗榮 攝

頭七「午夜功德」第一殿至第五殿閻王
／謝宗榮 攝

士林喪家頭七「午夜功德」道壇的布置
／謝宗榮 攝

作功德

台灣人傳統的喪葬禮俗中，多會請道教靈寶道派道士（烏頭師公）、正一禪和派道士或釋教法師、誦經團、或是佛教僧尼等主持，民間俗稱「作功德」。因喪家會考慮財力與實際需要，而延請道教道長或道士根據功德表行科演法，可分作最簡單的「靈前繳」（整個下午）、「作午夜」（自午後到當天夜半）、「金書拔度」（即「一朝」自早晨到夜半）、「十迴拔度」（即「一朝宿啟」，為一朝半，午後到翌日夜半）、「九幽拔度」（即二日）、「黃籙齋」（三日至五日）等不同程度的功德，[106] 一般以「靈前繳」、「作午夜」及「一朝」者較多。作功德主要用意是希望藉助神佛慈悲救苦，以其功德力來拔度亡魂，道場並懸掛有十殿閻王圖，此有警世教頑、鼓勵世人行善不作惡，才能免受地獄苦刑。

頭七「午夜功德」第六殿至第十殿閻王
／謝宗榮 攝

功德之一

【靈前繳】

以台南縣善化、學甲地區靈寶道派所作的「靈前繳」功德為例，其程序如下：

1 請神

［祈請諸天仙聖降臨道場］

台南永康喪家作「靈前繳」功德時，王石城（中）與吳文進（右）道長等進行請神儀式／謝宗榮 攝

2 慰靈

［唱陰調勸慰亡靈］

「靈前繳」功德行慰靈儀式／謝宗榮 攝

3 度人經

「靈前繳」功德誦《度人經》／謝宗榮 攝

4 路關

［無上拔度路關科儀，即開通冥路］

「靈前繳」功德行路關為亡靈引路。／謝宗榮 攝

6

藥王寶懺

［藥懺，請藥王為亡者醫病］

「靈前繳」功德吳文進道長行藥懺餵藥治病儀式／謝宗榮 攝

7

過橋

［經法師作功德，再由金童玉女引領亡魂順利通過金橋、銀橋、奈何橋，往生仙界］

「靈前繳」功德過橋儀式／謝宗榮 攝

5

太上慈悲滅罪寶懺

［水懺、法懺］

女兒懺

［母歿時女兒要備糖、米、水，以感謝母親當年生產後以此餵養子女的恩德］

「靈前繳」功德誦《慈悲滅罪寶懺》弄鶴繳懺／謝宗榮 攝

8

燒庫錢唱「十月懷胎」

107

圍庫錢唱〈十月懷胎〉感念亡母恩德／謝宗榮 攝

台南永康喪家圍庫錢／謝宗榮 攝

台南善化王石城道長唱「十月懷胎」／謝宗榮 攝

「十月懷胎」有勸孝及勸亡靈的勸世意味，也有在儀式即將完成前，逗喪家發笑，脫離失去親人的哀傷，是很有意義的民俗喪禮歌謠，茲舉其中一小段為例：

[唱] 東極青宮救苦尊
[道友唱] 傳經傳法傳經文
救苦尊太乙救苦尊
[唱] 奉勸世間男共女
[道友唱] 報答爹娘養育恩　救苦尊太乙救苦尊
[唱] 上報劬勞深似海
[道友唱] 人生在世苦似年　雙親養育非容易

十月懷胎出娘身　一月懷胎如露水
二月懷胎心茫茫　三月懷胎成人影
四月懷胎結成人　五月懷胎分男女
六月懷胎六根全　七月懷胎分七孔
八月懷胎大如山　九月懷胎肚中轉
十月懷胎出娘身　但看懷胎十月滿
……（略）……

圍庫錢時道長唱「十月懷胎」／謝宗榮 攝

做人家官著平正　不通苦毒別人查某子
外家說之家官歹名聲　媳婦雖歹在腳兜
好查某子別人厝內頭　媳婦雖歹三當燒
好查某子食飽路上搖　能做乾家真清閑
未做乾家三當居灶前　能做乾家能宰頭
未做乾家暗暗目滓流
做人查某子著行孝
不可父母（兄弟）是別人
……（略）……108

我們由「十月懷胎」的內容可以看出母親為了傳宗接代，生育小孩的辛勞，以及為人公婆（閩南語家官、乾家）得重視嫁來家裡常在身邊的媳婦，如果媳婦雖壞畢竟也是煮三餐的人，女兒再好畢竟是嫁到別人家的，也是別人家的媳婦，所以不要虐待媳婦，也不要虐待別人的女兒，而做女兒的則要孝順父母尊敬兄長。所以填庫燒庫錢時吟唱「十月懷胎」，有很濃厚的勸孝與勸善意味。

功德之二【午夜功德】

也有隆重者於作七時一起「作功德」，若以靈寶道派於頭七所作的「午夜功德」為例，其功德表的程序如下：

1 請神

[祈請諸天仙聖降臨朝科道場]

南投「午夜功德」陳廷彥道長行請神儀式／李秀娥 攝

南投「午夜功德」請神時孝男隨拜／李秀娥 攝

2 水懺

[誦《太上靈寶慈悲滅罪水懺》]

南投「午夜功德」為亡靈沐浴時，孝男孝女扶住草席／李秀娥 攝

3 藥懺

[誦《太上鴻名藥王寶懺》，簡稱《藥王寶懺》或《藥師寶懺》，請藥王為亡者醫病]

南投「午夜功德」行藥懺儀式，請藥王為亡靈治病／李秀娥 攝

4 解結退願

「解冤釋結，以疏文稟報解除亡魂與冤親債主及天神邪煞的怨愆，及生前向各大小宮廟所許之口願，隨江河大海而被化解掉，並勸亡魂發四十九個願」

以鮮花和錢幣解結退願／謝宗榮 攝

6 放赦

「走赦馬、九龍赦，道長化身太乙救苦天尊請赦官赦馬遞送赦免亡魂的九龍赦書」

南投「午夜功德」道士走赦馬送赦書／李秀娥 攝

5 開通冥路

「怕亡者三魂七魄不能集中，為亡者指引由陰間返回魂帛內接受作功德祭祀之路」

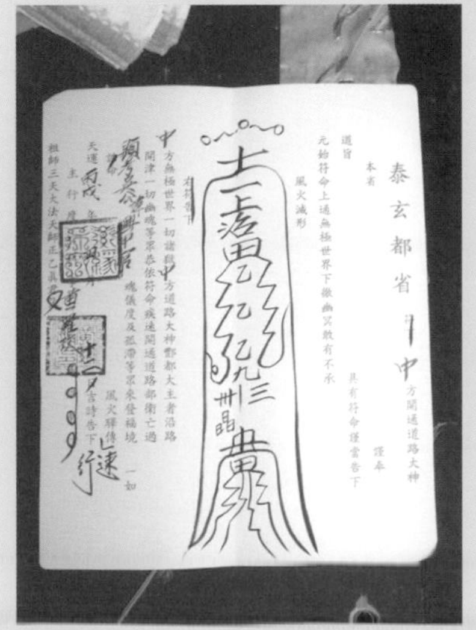

泰玄都省 中方開通道路大神
本省 謹奉
道旨 具有符命謹當告下
元始符命上通無極世界下徹幽冥敕有不承
風火滅形
右符告下
中方無極世界一切諸魂 中方道路大神酆都大主者沿路
開津一切幽魂等眾恭依符命疾速開通道路部衛亡過
魂儀度及孤滯等眾來登福境 一如
風火驛傳
天運 年 月 日吉時告下
祖師三天大法天師正乙真君

頭七「午夜功德」開通冥路，中央開通道路大神關文／謝宗榮 攝

7 燒化庫錢

「圍庫，由家屬將亡者出生時依所屬生肖，向庫官所借的庫錢金額之契書一一蓋上手印，交由庫官庫吏點收清楚，並焚化庫錢」[109]

功德之三

台南靈寶道派【一朝宿啟】

若以台南靈寶道派的「一朝宿啟」功德為例，「一朝宿啟」，正式名稱為「無上拾迴拔度齋」簡稱「拾迴」。其齋儀期間自第一天中午起鼓至第二天深夜結束。重要科儀有：

第一天

發表、啟白、慰靈、開通冥路、藥懺、分燈、宿啟。

台南佳里「一朝宿啟」功德，陳榮盛道長作發表／謝宗榮 攝

第二天

早朝道場、頒赦、合符、解結退願、沐浴、給牒、打盆、填庫、過橋等。若視時間許可時，也會在第二天上午之午時進行登棚拜表，而在午後進行普度，唯若穿插有奠禮及葬禮時，則予省略。其中之發表、啟白、分燈、宿啟、早朝道場、登棚拜表、普度等科儀與清醮類似，唯發表、登棚拜表時，在所呈送之文書方面主旨有異，其餘科儀在所請之神祇稍有不同。其次，若亡靈乃死於較嚴重的意外，如女人難產而死，或遭血光之厄而亡者，有時也會另外舉行意義與「打盆」類似，俗稱「牽轙」的「血湖」拔度科儀。

台南佳里「一朝宿啟」功德，李安雄道長率道眾作早朝／謝宗榮 攝

慰靈

為拔度科儀「啟白」之下半部，在靈位前舉行。在拔度壇場啟請諸神之後，道眾來到亡靈靈位之前，先焚香奉請引魂童子、召魂主吏、攝魄將軍、當境土地神、諸天符使、何喬元帥、追魂使者等神，稱念太乙救苦天尊、九幽拔罪天尊、寶幢接引天尊。隨後召請亡靈家歷代高曾祖前來靈前，聞經聽法，由孝男、孝孫進行奠酒，仰仗天尊之不可思議功德力，以度拔亡靈，往生仙界。

藥懺

即諷誦《太上鴻名藥王寶懺》（簡稱《藥王寶懺》），在三清壇前舉行，旨在請藥王（神農、藥師）為亡靈治療生前的身體病痛。事先在洞案上供奉紙糊藥王一尊，將亡靈魂身奉至壇前，並準備十二味中藥藥名寫在生鴨蛋上，藥名如：「藥」、「師」、「法」、「懺」、「川芎」、「當歸」、「熟地」、「白勺」、「茯苓」、「蔘芭」、「白萃」、「甘草」，煎煮一藥壺。科儀中奉請三寶天尊、青玄上帝與藥王等神，並行三獻酒，請救苦天尊諭令亡靈能夠開悟懺悔。又請藥王神農大帝治癒生前病痛，道士並持藥汁就亡靈魂身之口以象徵餵藥，並擦拭魂身。最後祈請燈光梵果天尊等神，帶領亡靈出離幽途，早超仙界。

開通冥路

在三清壇前舉行，顧名思義即在開通冥界道路，以接引亡靈前來接受薦拔功德。科儀由道士一名著海青主持，開始前先將亡靈之紙糊魂身奉至壇前，稱念太乙救苦天尊，仰仗其功德力以拔度亡靈，然後為魂身進行開光。科儀中道士手持召魂旛，啟請燈光晃照天尊為亡靈照耀道路，並以神燈供養天尊、地府冥途諸聖眾、江河湖海眾晶仙，以接引亡靈離惡道。隨後宣開通冥路牒文一封，付與亡靈執收，並振道旛以開道路，以利前來聞經聽法，懺悔禮拜三清天尊，由孝子孝孫行奠酒之儀。科儀結束後再將魂身奉回靈堂。

滿七「一朝宿啟」功德中的藥王神農大帝／謝宗榮 攝

解結

又名「解結釋罪」、「解結退願」，在靈位前舉行，旨在解脫亡靈生前之結怨。道士一名，坐於亡靈之前，祈請法橋天尊解赦亡靈生前之結，先準備水盆一只，與銅錢四十九枚、繩子四十九根、花七朵等。科儀中道士分七次帶領亡靈許願，每次許下七願，脫下繩索，投銅錢與花於水中，以象徵解結，並將許願之功德迴向亡靈，祈願亡靈萬罪俱消，千冤和釋，頓離北府，上升天堂。

頒赦

又名「放赦」、「出符迎赦」，在齋儀道場前空地舉行，旨在祈請太乙救苦天尊頒下赦書，請赦官傳達，以赦免亡靈生前之罪障。科儀中所頒的赦書有「三天赦書」、「龍鳳赦書」等名稱，依照台南地區的慣例，在一朝宿啟以上頒「龍鳳赦書」，一般則頒「三天赦書」。科儀事先在向天處排設一張科儀桌，桌腳以板凳墊高，桌上奉紙糊赦官與赦馬各一尊。道士五名，科儀上半段道眾朝外站在科儀桌旁的板凳上，啟請十方救苦天尊等神降臨，分別獻香、獻茶、奠酒供養，接著宣破獄、拔度（赦書）等符命。在科儀下半段中，除高功外其餘道士換上黑色海青，先由兩名道士做餵養、馴服馬匹狀，然後請家屬為赦官進行奠酒之儀，接著高功持赦書與火炬，其餘道士分持赦官、赦馬與火炬，以小跑步動作在科儀桌旁穿花繞行，以之象徵連夜趕路，傳遞赦書。最後由高功向亡靈宣達赦書，以祈拔度亡靈，脫離酆都。

沐浴

又名「召魂沐浴」，在靈前舉行，旨在清淨亡靈之魂魄，以利上登南宮朱陵府。事先在靈前置水盆一只，以草蓆圍起，作為亡靈沐浴灌煉之所。科儀中啟請三寶天尊，仰仗其功德力，以慈悲之法水清淨亡靈之三魂七魄，來洗除亡靈之愚迷，永度三清岸，長辭五濁泥，滅罪生福，往生仙界。

給牒

又名「參朝給牒」，通常緊接在沐浴科儀之後行，旨在給予「庫牒」與「買地券」，以利歸還亡靈生前所借用之財，以及供亡靈之居住。道教認為每一個人降生時，依照其所生之時辰，會由「庫官」之處借來錢財，以供生活之用，一旦去世之後即必須由家屬代為歸還，才能使亡靈往生仙界，因此就必須頒給庫錢牒，一半交與庫官，另一半給予亡靈以資核對。其次又要頒給地契券，以利起蓋魂厝一座，供亡靈安居，此即民間做功德必須請匠師紮紙厝之故。科儀中祈請三寶天尊作主，令亡靈志心歸命道、經、師三寶，請太乙救苦天尊准予給付牒文，並勸亡靈懺罪，終能托化仙鄉。

打盆

又作「打城」，旨在破地獄之門以救出亡靈接受超薦，通常多為死於意外、病故而非壽終者所舉行，因此非拔度必須之科儀。科儀在道場外排設科儀桌，案前設一座高約四尺、四邊寬約一尺半之紙糊「獄城」，城的四周有門，門外有獄卒紙像，下方置水盆一只，內奉亡靈魂身，孝眷人等持傘圍於獄城四周。科儀中首先為獄城中之亡靈開光，然後啟請三清天尊、救苦天尊、地府諸神與當境城隍等，並行三獻酒儀。接著高功化身為救苦妙行真人，欲前往地獄解救亡靈，受到地獄鬼卒之阻攔。高功即請出徐甲真人，召出五營神兵，破地獄之門，持召魂旛接引出亡靈，前來受享法食，聽法聞經，以利往生仙界。

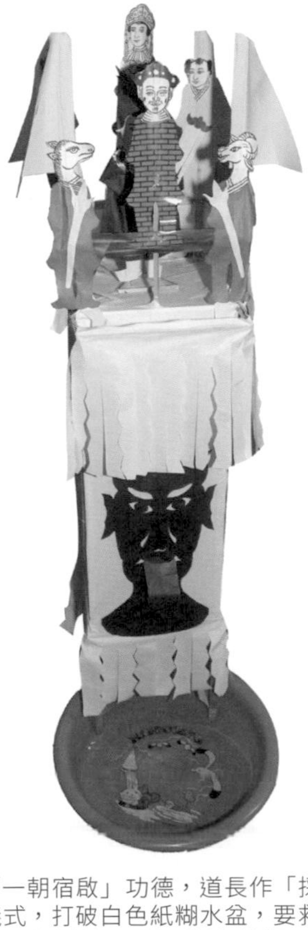

滿七「一朝宿啟」功德，道長作「採盆」儀式，打破白色紙糊水盆，要救病死的亡魂出離枉死城／謝宗榮 攝

轉轙

俗稱「牽轙」，台南靈寶派科儀做「無上血湖飛輪轉轙科儀」，旨在透過轙身之轉動，以接引亡靈脫離血汙池，前來接受超薦而往生仙界。轉轙可為超薦單獨亡靈而舉行，亦可為集體超薦而舉行。若單獨舉行以轉轙為主的齋儀道場，都事先要進行發表、啟請轙神、誦血湖寶懺或慈悲滅罪寶懺，然後進行頒赦、起轙，最後才倒轙以送亡靈歸返。轉轙科儀進行前，事先糊製紙轙一支（或三、五、七支不等，依各地習俗而設），高約四尺至六尺不等，直徑約一尺至一尺半，轙身周圍糊有：上界之觀音菩薩、城隍爺、境主公、大鬼；中界之善財童子、牛頭、山神、小鬼；下界之龍女、馬面、土地、小鬼等像。又可因超薦對象死因之不同而區分為水轙與血轙兩類，前者以白紙或花紙為轙身，後者則以紅紙為轙身。進行轉轙之前要先以竹竿穿過轙豎立於空地上，下方以瓦甕或碗底承托以利轉動，又在轙旁置芭蕉以利亡靈扶起，衣服、鞋子供亡靈更換，小形紙糊法船一艘以接引亡靈。科儀要先為轙身開光，然後啟請三寶天尊、救苦天尊等神進行三獻酒儀，並宣血湖牒文，請天尊接引亡靈，同時由孝眷轉動轙身。最後將預置於轙身中代表亡靈的紙像拉起，置於法船之中而牽引到壇前，以聞經聽法，或依附於家屬身上以交代未完之心願，並仰仗天尊之功德力以超拔亡靈。最後高功持寶戟進行倒轙，並予以火化而結束科儀。110

填庫

填庫科儀乃給牒科儀之延續，旨在請天尊印證庫銀牒文之後予以火化，俗稱「燒庫錢」或「圍庫」，所有庫銀牒文都要由孝眷親屬一一蓋上手印。科儀前半段在三清壇前舉行，道士首先焚香啟請三清上聖十極高真與天曹判官、庫官等神，行三獻酒之儀，然後一一宣讀牒文，並請天曹判官、庫官等准予歸還庫銀。隨後即率孝眷人等來到火化庫銀之處，眷屬們牽起繩子圍繞庫銀，以避免庫銀為野鬼、邪祟所奪。在火化庫銀之時，道士再次宣達牒文，並唱起「十月花（懷）胎」勸世歌，敘說人從懷胎到出生、成長與為人父母過程之心情，勸誡亡靈釋懷放下遺憾，也勸誡陽世家屬應感恩孝順父母。庫錢完全燒化完畢之後，即象徵亡靈生前所提領之庫銀業已歸還，即可獲得薦拔而往生仙界。

過橋

正式名稱為「無上大齋十大功德」，旨在接引亡靈通過奈何橋或金橋、銀橋，以往生仙界。科儀在靈位前舉行，事先在地面置長條板凳一張，以象徵法橋，或以小型紙糊拱橋代替，橋下或周圍設七盞油燈以象徵七星燈，橋頭與橋尾分別供奉將軍造型的小型紙像各一尊以把守法橋，稱為橋頭將軍、橋尾將軍。科儀中首先高功啟請三寶天尊與救苦天尊等神，伏願天尊垂光以護衛亡靈通往仙鄉。接著逐段敘說大羅元始天尊等十位天尊之功德，並在法橋旁燃金紙一疊，以象徵供奉守橋將軍。最後道士一名手持召魂旛，帶領孝眷捧奉亡靈之魂身分三回跨過法橋，以接引亡靈往生快樂逍遙之仙鄉。

台南佳里「一朝宿啟」功德填庫化庫錢／謝宗榮 攝

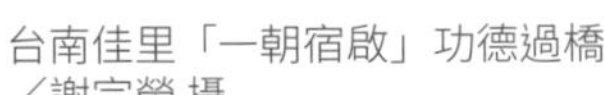

台南佳里「一朝宿啟」功德過橋／謝宗榮 攝

台北士林滿七「一朝宿啟」功德中玉壇發表科儀，由黃政雄（中）、黃金永（右）、謝景輝（左）三位道長主科演法／謝宗榮 攝

功德之三

高屏地區靈寶道派【一朝宿啟】

若以高屏地區靈寶道派「一朝宿啟」的功德為例，其功德表的程序如下：

第一天

1 玉壇發表

［使用經書為《無上拾迴發奏科儀》，向上帝稟報此次為亡者執行朝科法會作功德的本意］

滿七「一朝宿啟」功德發表，黃政雄道長示誦發表文疏／謝宗榮 攝

2 請神

［祈請諸天仙聖降臨朝科道場］

3 慰靈

［請神明安慰亡靈］

4 誦經懺

［召請亡魂前來聽經聞懺，所誦經懺有《度人經》、《太上靈寶慈悲滅罪水懺》］

滿七「一朝宿啟」功德中藥懺的藥方與藥罐等祭品／謝宗榮 攝

滿七「一朝宿啟」功德中藥懺繳懺／謝宗榮 攝

5 藥師法懺

［誦《太上鴻名藥王寶懺》（簡稱《藥王寶懺》）、或是《太上鴻名靈寶藥師寶懺》（簡稱《藥師寶懺》），準備十二味中藥藥名寫在生鴨蛋上用十二個空碗裝起分兩側，藥名如：「藥」、「師」、「法」、「懺」、「川芎」、「當歸」、「熟地」、「白勺」、「茯苓」、「蔘芭」、「白萃」、「甘草」，煎煮一藥壺，鴨蛋碗上再用十二雙筷子交錯橫陳。且備象徵北斗七星的七星燈和四果，再備壽金、福金、小銀。令亡魂能夠開悟懺悔，經藥王神農大帝的治療餵藥，使其經水火煉度而脫離苦海，早登仙界］

6 冥王法懺

［第一至第十卷］

7 九龍放赦

［道長化身太乙救苦天尊請赦官赦馬遞送赦免亡魂的九龍赦書］

滿七「一朝宿啟」功德放赦，道長代表太乙救苦天尊讀誦所頒的九龍赦書／謝宗榮 攝

8 採盆拔度

［病故者以打白色紙糊的水盆，由道長執行科儀祈請神明赦罪，若遇女性亡者，並唱「十月懷胎歌」，以感念身為人母生育子女的辛勞。家屬圍繞水盆，以解救亡魂脫離地獄；若屬意外死亡者，亡靈會被幽禁在枉死城，則需執行「打城」或稱「打地獄」，以解救亡魂脫離枉死城］

採盆儀式中，道長正在解救病故的亡靈出離枉死城／謝宗榮 攝

9 分燈捲簾

［請道教諸神施放光明，讓亡魂及喪家元辰光彩］

10 宿啟玄科

［啟請諸天仙聖，消災賜福。暫息法音］

第二天

1 早朝奉進甘湯

「朝禮度人三十二天上帝，求哀懺悔」

2 敬祀觀音、薦祖

「準備香、花、茶、飯、珍寶等物敬獻神聖的觀音等神祇，薦祖是家屬準備豐盛供品超薦祖先」

3 安葬歸止

「出山儀式，告別式後發引、墓地棺木放栓、祀后土、點主、下葬、培土、呼龍、誦經引度、繞墓(逆時針)、返主、安靈」

4 解結退願

「以疏文稟報解除亡魂與冤親債主及天神邪煞的所有的口願和怨愆，以盛開的鮮花花朵代表生前向各大小宮廟所許之口願，因花會謝掉，故象徵口願也隨著放入水盆中，以示口願流入江河大海而被化解掉，加上由道士擲入四十九個十元錢幣於水中，以示勸亡魂發四十九個願」

5 合符到獄

「用十二道符，由十二位童子送到代表十二地獄，為亡者求赦罪免除地獄苦刑」

6 三天龍鳳赦書

「以紙糊華麗的九龍、飛鳳，並由道士或家屬持耍相互追逐，象徵祈請太乙救苦天尊頒赦三天龍鳳赦書，赦免亡者之罪，並得一片龍鳳呈祥的吉兆；道士也以水果、鮮花裝飾扮做丑婆，更為喪家祝禱添丁進財，以逗趣對話逗弄家屬哈哈大笑，減低面對失去親人的哀傷」

道士以假花、水果裝飾，扮大肚丑婆，加上逗趣對話，逗弄喪家脫離哀傷情緒／謝宗榮 攝

由道士手持紙糊飛鳳，另一位扮大肚丑婆，一同逗弄喪家脫離哀傷／謝宗榮 攝

滿七「一朝宿啟」功德，作「三天龍鳳」儀式中的紙糊飛龍／謝宗榮 攝

滿七「一朝宿啟」功德，作「三天龍鳳」儀式中的紙糊飛鳳／謝宗榮 攝

7 沐浴繳牒

「在靈堂前以草席圍住，象徵讓亡魂沐浴潔淨」

8 繳庫

「由家屬將亡者出生時依所屬生肖向庫官所借的庫錢金額之契書一一蓋上手印，交由庫官庫吏點收清楚」

9 下筵過橋

「道長以長板凳作橋，橋頭有金童玉女，橋下兩側布置七星燈火，率領亡魂經「望鄉台」、過東邊的金橋、西邊的銀橋、中央的奈何橋，還另有玉橋、石橋、木板橋，踩上橋隨個人業力與功果而往生投胎，而亡魂經道長帶引得以往生仙界。接著則由道長、道士兩、三位演出有教孝性的「目連救母」戲、「挑經」或「三藏取經」、「弄鐃」的特技雜耍，以緩和喪家的嚴肅氣氛」

10 化庫、化冥厝

「儀式的最後，將紙糊的華麗普陀巖（或二十四孝山）、靈厝、孝思堂等找個空地一起燒化）。為了方便有些喪家燒庫錢時會延後處理，留作最後連同靈厝、庫錢堆疊好，再以繩子圍起來，家屬一一牽起繩子，再將庫錢燒化，南部地區也有人會請神明來鎮守燒庫錢的場合，以免別的孤魂野鬼來搶奪庫錢」[111]

作喪禮功德中，傳統上會由道士或法師行「弄鐃」的雜技演出／謝宗榮 攝

作功德中有時會加「三藏取經」的演出，有取不畏艱難往西天取經之美意／謝宗榮 攝

死亡狀態與道教科儀

又因亡者死亡狀態的不同，有正常死亡或非正常死亡（意外凶死者）者，其在道教功德的科儀也有不同，以下列表簡述之：

【死亡狀態與所行拔度科儀】112

死亡狀態	亡靈所處地域	應行拔度科儀
正常死亡者	盆城	打盆（有的不作打盆）
病故（含手術死亡）	視不同狀況	疏文陳情、作《藥懺》
服毒者	枉死城	得用疏文陳情赦罪、打城、作《藥懺》
上吊自縊者	枉死城	得用疏文陳情赦罪、解絃放絲（退絞台）、脫索
持刀自裁者	枉死城	用疏文陳情赦罪、打城
凶殺者（中刀或中槍）	枉死城	代言代疏、超生的《三元懺》、《水懺》、《度人經》、行變壇咒、變壇訣（使道壇化仙壇、人體化仙界）、《藥懺》、解冤愆、《滅罪懺》、獻敬神聖和兵將

跳樓自殺者	枉死城	用疏文陳情赦罪、請天醫院醫生整形降藥完形復體、上天醫疏
年歲不到者（約七～十六歲）	枉死城	用靈前繳、或加上《十王懺》
溺死者	水牢獄	牽水轙
難產死亡者	血湖獄	牽血轙
嬰靈（流產、死胎、墮胎、夭折，約六歲以下者）	血湖池	牽血轙（在肚內死亡或出生後死亡者，科儀處理方式不同）
殘缺死亡者（盲者、聾啞、殘障者）	不一定	請天醫院整形、水火煉度
燒死者	枉死城	建水火池
被雷打死者	枉死城	請神作主、宣經、度關卡、解冤愆、脫雷厄
車禍死者	枉死城	退車關完形復體
空難（無孕者）	枉死城	落水者牽水轙、落地者超生打城
空難（有孕者）	血湖池	牽血轙、超度胎兒使其投胎轉世

樹林海明寺果印法師主法，為往生者作佛教「血湖破獄」」儀式／謝宗榮 攝

近代因受工商社會的影響，居住與貨幣的使用已大異昔日，所以作功德添庫燒庫銀時，有些則化給亡者印有冥國銀行的冥幣（如公庫錢，印有佛法僧三寶印的三寶錢）、美鈔、信用卡等，而出殯後也會化給亡者於陰間使用的紙糊「紙厝」（「靈厝」），昔日多為傳統建築屋厝，現在有的則要求糊紙師父改為西式別墅。[113] 喪禮中除了紙糊的靈厝外，還有華麗的普陀巖、二十四孝山、孝思堂（供祖先居住）等。有的家屬還會加上焚化紙糊的珠寶箱、紙衣箱（男歿送西裝、手錶、手機等，女歿送旗袍、項鍊、珠寶等）、紙糊的鞋子（男歿皮鞋，女歿高跟鞋），甚至還有紙糊的轎車、紙糊的電腦、紙糊的摩托車、紙糊的飛機……等。

佛教法師化身作目連尊者，持禪杖打破地獄城門解救往生者出城／謝宗榮 攝

當人逝世滿一百天時，習慣要再祭祀一番，或延請道士、和尚唸經，舉行盛大的供養法會，或僅是家人自行祭祀，稱為「作百日」。並獻牲禮、菜飯、水果、酒和銀紙。有的喪家作百日時，慎重者會延請法師或僧尼誦經，祭拜並燒化靈厝。也有喪家因往生者病故，問神觀靈後知亡者在陰間過的不好，而於百日補作超薦法會，也聘紅頭法師「作打城」，救亡者出枉死城。以台南的打城儀式為例，其程序如下：

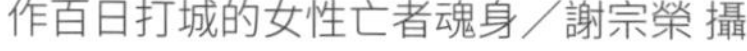
作百日打城的女性亡者魂身／謝宗榮 攝

作百日祭拜的祭品／謝宗榮 攝

作百日

1. 請神
2. 誦經《度人上品妙經》
3. 誦經《三元拔罪寶懺》
4. 開路關打城度魂出城
5. 沐浴洗淨給牒
6. 王懺
7. 燒庫錢、繳庫[114]

百日打城儀式中，吳明府道長正以七星劍打破枉死城，要救亡者出城／謝宗榮 攝

百日打城法師作過路關儀式，為亡者引路／謝宗榮 攝

南投作對年三年功德，陳廷彥道長在永豐極樂淨土寶塔行請王安座儀式／李秀娥 攝

南投作對年三年功德，拜十王和亡者的祭品／李秀娥 攝

作對年、作三年

當死者逝世滿一週年時，死者已出嫁的女兒皆要返回來供奉牲禮祭拜，亦有延請道士、和尚誦經法事的，稱為「作對年」功德，或是連「作三年」功德一起完成。現代工商社會，執行儀式與時間上，會較省事，故而民間有的會習慣將對年功德（小祥）和三年功德（大祥）一起做，早日圓滿。作對年（小祥）、三年（大祥）功德的程序，以南投竹山靈寶道派的作法為例，若在喪家則在靈位前，預先擺好三牲酒禮、信金綸財、水果等供品，若是在納骨塔的安靈處，則需先請亡者的牌位就位。

而作對年（小祥）、三年（大祥）功德的程序如下：

1 過王安座

［以三牲酒禮、水果、信金綸財，恭請東嶽大帝、陰府十殿冥王，正座第九殿都市王、第十殿轉輪王），請王安座，請登寶座，三獻禮酒］

2 引魂到座

［以兩只銅板卜筶請示亡者，是否有歡喜前來納受功德，由孝男或孝長孫奠獻酒］

3 安奉寶座

4 拜飯

［給亡者備幾樣便飯菜、酒、紅龜粿、銀紙，家屬輪流敬奉飯菜］

5 化銀紙

南投作對年三年功德，孝眷輪流敬飯菜／李秀娥 攝

南投作對年三年功德，孝男跪地以銅板卜筶請示，亡親是否歡喜得功果／李秀娥 攝

倘若是在納骨塔進行作對年、作三年的功德者，需以香火袋（紅布縫製或紅包）取回供亡者之部分香火，好進行「合爐」之需。傳統上是在作對年，嫁出的女兒、孝女婿、嫁出的孫女、孝侄女婿等變紅脫孝，換紅絲回家（三年功德時不必再祭拜）。家屬看亡者是男或女，若是男性則家屬掛青絲，若是女性則掛黃絲，亡者男性則掛在左手臂或亡者女性則掛右手臂。對年完畢後，另擇吉日良時做三年功德，家屬則在此時變紅，再將往者香火與祖先香爐做「合爐」的儀式。所謂古語：守孝需盡三年禮，追思常懷一片心。當代權便作法，是擇日在同一天進行對年與三年之功德。[115]

現代社會有的家庭不方便安奉靈位一年或三年，多安奉臨時神主牌位於納骨塔（寶塔），故當作對年（小祥）和作三年（大祥）功德結束後，會以紅紙裝填一些爐內香灰，以謝籃裝著神主牌位、香，以黑傘遮陽護住亡魂，就可返回公廳或神明廳之安奉歷代祖先的公媽龕前，進行「合爐」儀式。「合爐」儀式，簡單來說就是幫往者入厝，需準備紅圓與祭拜祖先之祭品，依各家敬拜祖先之習慣，此會將先前香火袋所裝填供奉亡靈神主牌的部分香灰，一起倒入供奉祖先的香爐內，表示死亡的先人，已經可以和祖先正式在一起，成為祖先神之一，共同接受家屬的早晚上香，和每月初一、十五的祭拜，以及各個重要年節祭祖的祭祀與香火了。

南投作對年三年功德，以黑傘遮蔽裝亡者的香火袋謝籃上車／李秀娥 攝

南投作對年三年功德，在極樂淨土寶塔以謝籃裝亡者的香火袋回去合爐／李秀娥 攝

除喪

除喪可包括：除靈、寄爐香火袋、合爐等項目。

台北市士林喪家返主後的安靈／謝宗榮 攝

南投市出殯返主後的安靈／謝宗榮 攝

除靈

一般喪家於「尾旬」、「作百日」或「作對年」時，將臨時「安靈」或「豎靈」時所作的「魂帛」和香爐完全撤除，選一個吉祥的方向將這些東西丟棄，並請法師上香、唸經、燒銀紙，稱為「除靈」」或「推靈」。也有少數地方會迅速除靈的，有習慣在出殯返回後當天便除靈，並將亡者姓名題入公媽龕內合爐的。

一般嚴謹一點的，至少在「作對年」前，喪家儘量不要到廟裡上香或拜拜，也不要碰觸廟裡的重要法器或存放甘露水的水桶等，因為喪事的不潔磁場，會汙染了神聖的法器與空間。但是可以在廟外合掌禮拜，儘量不要進入廟裡。等除靈的翌日，喪家婦女換穿素服，頭上插一朵紅色的春仔花，到寺廟行香後，表示去除喪家的不祥後，才可回家省親，稱為「行圓」。

彰化田中安置在神明廳虎邊的靈位／謝宗榮 攝

暫奉在南投皇穹陵的亡者牌位／謝宗榮 攝

彰化花壇紅色香火袋寄爐，掛在公廳祖先牌位龕邊／謝宗榮 攝

寄爐香火袋

台灣傳統喪禮習俗中，當死者的喪期屆滿時，會將供奉死者的新神主牌位火化，或將其香爐灰一部分放進供奉祖先牌位的香爐內時，並將死者的姓名列入祖先牌位內，稱為「合爐」。倘若尚未進行正式的合爐前，有的人會將除靈後的香灰，先放入一只紅色的小型香火袋內，寫上亡者的姓名，再以紅繩懸掛在公廳祖先牌位的公媽龕上，也有的是以紅色香火袋寄放在民間紀念花園內或精舍內、或納骨塔內，可暫時安奉亡靈牌位之後面。等待適宜合爐的吉時，再祭拜行合爐的儀式，在此之前則稱為「寄爐」，而此時的香火袋則稱為「寄爐香火袋」。台灣有的河洛人（閩南人）會在對年後擇日行合爐之俗，一般漳州人多在「作三年」和「除靈」時同時進行合爐的儀式。合爐後，一切便恢復正常作息。

暫奉在南投永豐極樂淨土的亡者牌位／李秀娥 攝

合爐入厝拜公媽／李秀娥 攝

當死者的喪期屆滿時，已行完作對年和作三年的功德後，將供奉死者的新神主牌位火化，或將其香灰袋內之香爐灰放進供奉祖先牌位的香爐（公媽爐）內時，另外將亡者的神主爐中移三炷香插入公媽爐中，並將死者所屬的世代姓名列入祖先牌位內，此有「入厝」之意。該日舉行祭祀，供奉牲禮一副，一定要有雞，以「雞」的閩南語同「家」，寓意「起家」，加上三碗紅圓，表示亡者與歷代祖先自此團圓，此後可在年節時家屬拜祖先，享受香火與牲禮果品的敬意。供品中還要有發粿、便菜飯，而便菜飯或用碗公裝，或用大一點的盤子裝，別於作七時僅用飯碗裝而已。因為這一天也是亡者正式晉升為祖先神，會與歷代祖先所有公媽團圓，所以便菜飯得準備的更豐盛一些，就像宴請所有祖先神吃飯一般。原先做為神主爐的碗公洗乾淨來裝滿紅圓，以求圓滿吉利，稱為「合爐」。

陳廷彥道長正在倒亡者的香灰袋以合爐／李秀娥 攝

祖先已題入公媽龕內／李秀娥 攝

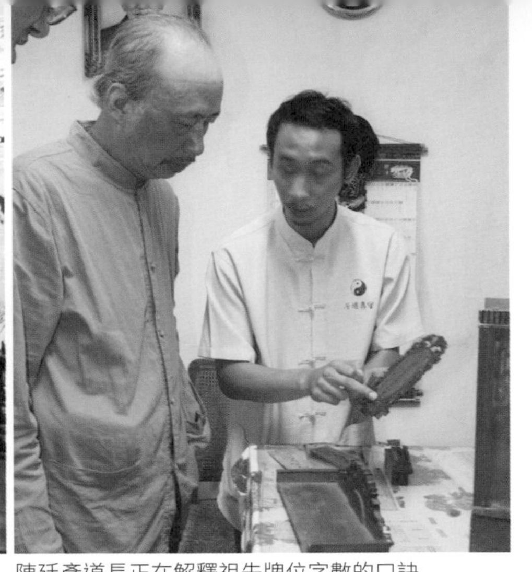
陳廷彥道長正在解釋祖先牌位字數的口訣／李秀娥 攝

一般泉州人在合爐時，會視「作對年」是前半年或後半年，多會避開過年期間而選在六月或十月　若「作對年」是在十月或十一月時，才會選在十二月合爐。至於傳統的漳州人多在「作三年」和「除靈」時同時進行合爐的儀式，現代工商社會，也會採簡便方式，將「作對年」、「作三年」、「合爐」採同一天下午完成的。「合爐」前，過年不能作甜粿，只能作蘿蔔糕，端午節也不能做粽子，需由親友送，「合爐」後，一切便恢復正常作息。以前習俗不願將靈桌留過新年，若對年後，找不到好日子作三年，便會採「寄爐」的方式，先將靈桌撤去，將神主灰與爐灰裝在一只紅布作的香火袋內，袋外寫上亡者的名諱，自亡者神主爐中抽三支香串佳香火袋，斜插在公媽爐中，男性插在龍邊（大邊），女性插在虎邊（小邊）等至吉日才將香腳扶正，香火袋燒化，以紅圓、牲禮祭拜，再將亡者名諱填入祖先牌位中。[116]

而祖先牌位的填寫，字數還要符合「生、老、病、死、苦」的口訣，最好是落在生或老為佳，一般泉州人則是採「興、旺、死、絕」的字數口訣。填寫時為避免錯誤，所以謹慎一點的道士或法師，多會要求對照一下祖譜世代、名字、確認生卒年資料有無錯誤、甚至是重新填寫歷代公媽的順序，原則上需寫上世代次序、姓名、生卒年等資料，且要夫妻配對寫在一起，不要兄弟寫在一起，因為還要留下填寫配偶的空位。還有千萬不要將祖先牌位的反面都寫上祖先姓名，這樣就彷如讓祖先以背面接受子孫的祭拜一樣，這樣對祖先較不敬。[117]

合爐後張貼新春聯／李秀娥 攝

合爐以豐盛的飯菜、湯圓拜公媽／李秀娥 攝

而且合爐完成，題完公媽姓名於公媽龕內木牌後，以豐盛的便菜飯、紅湯圓祭拜慶祝亡者已成祖先神，並與所有祖先神慶團圓。之後，每位家屬分一條紅絲線，此有「帶紅」之意，脫去喪事的不潔之氣。而婦女則頭上可別上一朵紅色的春仔花，此後就可正式到廟裡上香祭拜了。而喪家也可正式貼上新春聯了，以示煥然一新的新氣象，自此回復正常的日子了。

合爐備供品拜公媽／李秀娥 攝

撿骨

撿骨可包括：撿骨、撿金、金斗甕等項目來說明。

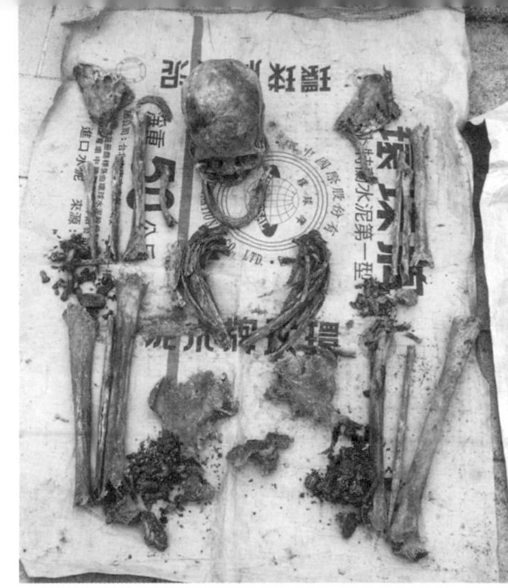
撿骨師將女性亡者的骨骸排列好／謝宗榮 攝

南投地區撿骨師正在墳穴內，撿起女亡者頭骨，還需乾燥處理／謝宗榮 攝

撿骨

傳統習俗上，以為屍葬為凶葬，骨葬為吉葬，因為骨葬時裝的是金斗甕。親人以屍葬埋葬數年後，擇吉日重新開墳，撿洗骨骸及撿拾陪葬的首飾，重新於吉日為其安葬，此即「撿骨」或「洗骨」，又因為同時有撿拾陪葬的金飾與首飾等，故又稱「撿金」。一般未滿十六歲即未成年者身亡後，是不撿骨的；三十歲以內亡故的，則在五年後撿骨；四、五十歲亡故的，則在六、七年後撿骨；五十歲以上亡故者則可能在六年、八年、十二年後撿骨。

民眾習慣擇吉日進行為親人撿骨之事，特別聘請撿骨師來處理，需先買一只二尺二寸高的金斗甕，內置木炭七斤，絲棉一塊，小紅布袋四只、紅布、紅絲線、新毛筆、紅銀硃，亡者如為女性，再加買春仔花及烏巾。燒香祭告亡魂之後，即開墳掘棺，此時女兒要撐黑傘遮天，撿骨時先從手部開始，表示牽亡者起身之意，若有陪葬品尤其是金飾首飾，如戒指、手環、項鍊等，也要順便撿起來。

接著將骨骸大致按照身體的順序裝入金斗甕內，但得先由身體的下半身先放，如腿骨和腳掌先放，再放上半身，最後放入頭骨。其間則以木炭支架來固定骨骸，也有發揮乾燥去濕的效果。[118]

裝入金斗甕後，再擇吉日安葬，有的因為風水問題而原地安葬，有的則改以夫妻合葬，或是遷入家族式的墓穴安葬，這時便得按照左昭右穆的制度排順序。吉葬墓多建為圓形，其興建過程有破土、立碑、進金、完墳謝土等步驟。此後於清明時再培兩斗墓，亦即屬新墳要備較豐盛的祭品敬拜，到了第三年起以簡單供品掃墓即可。現代人也有人較簡約，只培墓一年即可。

撿骨時若因墓地太潮濕或太乾燥，致使屍骨未化，成為「蔭屍」，習俗上則被視為不祥，對子孫不利，會令子孫身體不適或事業不順。只好在屍體上潑些水，或化骨水，等到數日後再來剔除屍骨上沾黏的屍塊，也有的乾脆再埋回去，覆蓋樹葉、高麗菜等，幫助屍體腐化，等到一兩年後再重新開墳撿骨。[119]

撿骨師正在將女性亡者骨骸依序裝入金斗甕中／謝宗榮 攝

撿骨後重新埋葬，家屬正在祭拜亡者／謝宗榮 攝

撿金

傳統習俗上，以為屍葬為凶葬，骨葬為吉葬，因為骨葬時裝的是金斗甕。親人以屍葬埋葬數年後，擇吉日重新開墳，撿洗骨骸及撿拾陪葬的首飾，重新於吉日為其安葬，此即「撿骨」或「洗骨」，又因為同時有撿拾陪葬的金飾與首飾等，故又稱「撿金」。一般陪葬的金飾等大致有戒指、手環、手鐲、項鍊等，由於國人非常重視厚葬，所以富有的人家有時陪葬非常豐盛，但也有的怕不肖的盜墓人，為財而破壞祖墳，所以也有用較普通的飾品，或假玉、假金飾等作為陪葬品的。

一般未滿十六歲即未成年者身亡後，是不撿骨的；三十歲以內亡故的，則在五年後撿骨；四、五十歲亡故的，則在六、七年後撿骨；五十歲以上亡故者則可能在六年、八年、十二年後撿骨。至於破骨之人，則是不撿骨的。[120]

「破骨」即是指「破月」之人，古人說：「身帶破骨、衰家門。子孫見骨，家門敗。絕地門風，百事窮。興旺其待，貴人助。」所以生肖與出生月份符合「破月」者，即是破骨之人。此又分「男破月」和「女破月」之別。

傳說符合上述破骨（破月）之人，在生活上比較會有種種不如意之事，個性也較不易與親人相處。破月之人，要撿骨還是有破解方法，將來這種人要破土撿骨、或裝入骨灰甕時，子孫最好先轉身迴避一下，不要見到亡者的骨頭，等到裝入金斗甕中後，子孫再轉身，參與祭拜即可。但是破土儀式時，仍要請地理師、道長或法師幫忙一起執行祭改儀式。[121]

撿骨後重新埋葬好，家屬正在剝蛋殼，以寓亡者脫殼重生／謝宗榮 攝

男破月對照表

生肖	鼠	牛	虎	兔	龍	蛇	馬	羊	猴	雞	狗	豬
月份	2	3	10	5	12	1	8	9	4	11	6	7

女破月對照表

生肖	鼠	牛	虎	兔	龍	蛇	馬	羊	猴	雞	狗	豬
月份	6	4	3	1	6	4	3	1	6	4	3	1

金斗甕

金斗甕一般多為二尺二寸高，是土葬多年撿骨後，要選擇土葬者所使用的陶製立體長圓形骨甕。上面可為素面，也可塑有雙龍圖案，有深棕色、紫紅色的，隨各地習俗與製造工廠而有不同。台灣的民眾習慣擇吉日為親人撿骨，聘請有經驗的撿骨師來處理。

裝置撿骨的金斗甕／謝宗榮 攝

祭祖

祭祖部分，可包括：祖先像、祖先牌位、公媽牌、族譜、作忌日、作冥誕、作總忌、家宅祭祖祭品、宗祠祭祖祭品等項目。

彰化田中穿西裝的男性祖先像／謝宗榮 攝

彰化田中穿長袍的男性祖先像／謝宗榮 攝

祖先像

由於我國非常重視孝道與慎終追遠的精神，所以在祖先過世後，便會請匠師捏塑祖先形像或請畫師畫下祖先或亡者的形象，供後代子孫憑弔與追思，所以稱為「祖先像」。倘若祖先當過清代的官員者，便會由匠師捏塑出身穿藍色補子官服，頭頂清式有加紅纓的官帽。慎重些的人家，還會特別製作冬夏兩款帽子，夏天給祖先戴藤編的涼帽，冬天戴布製的暖帽，非常體貼祖先的需求。

若是畫像時，則請畫師依照家屬的描述，而將男女祖先的形象、穿著畫出來，若年代較久遠的男性祖先，一般也多穿藍色的清式長袍，而女性祖先則穿紅色的及地長衣裙。若是屬於民國以後的人，因為穿著已改變，所以有的多請畫師（有的是照相館的師傅）畫著全身畫像，男性祖先身穿民初的長袍或時髦的西裝，女性祖先穿旗袍，坐在一張茶几旁。一般有將這種祖先畫稱為「行樂圖」的。後來因攝影技術進步，有的便不再畫行樂圖式的祖先像，而拿祖先的照片給畫師，改畫人頭像部分的遺照供子孫留念。更後來，則直接以底片在照相館沖洗頭像，作為祖先像了。

祖先牌位

當祖先過世後，原本是先以神主牌供奉在宗祠公廳，或家中祖先牌位的神桌旁，等到滿一年或三年後，祖先已成神，成為祖先神了，便可將其姓名正式填入祖先牌位或公媽牌內。每逢年節祭祖時，如除夕過年、清明、端午、中元、祖先忌日、重陽作總忌、春季和秋季祭祖等，便可享受子孫敬拜祖先的香火與供品。

若家族有成立宗祠的祠堂者，便會有歷代的祖先、開台的祖先等祖先牌位被供奉於祠堂內。歷代祖先牌位上多會填寫該姓氏的堂號，歷代某姓祖先之香位，成立牌位的歲次，以及陽世子孫立等字樣。若為宗族，必會立有早期繁衍族系極重要的祖先牌位，或是家族移民來台灣的開基祖先（俗稱開台祖），則會特別寫上堂號、祖先世次名諱等，一般這多是供奉於宗族的祠堂或公廳內。有些清代流傳下來的祖先牌位，講究些的人家，還會特別製作一個木作雕刻精美的外罩神龕，來裝置祖先牌位，並且有兩扇門可以開闔。

彰化花壇雕刻精緻帶門公媽龕／謝宗榮 攝

泥塑清代祖先像／謝宗榮 攝

公媽牌

當祖先過世後，原本是先以神主牌供奉在宗祠公廳，或家中祖先牌位的神桌旁，等到滿一年或三年後，祖先已成神，成為祖先神了，便可將其姓名正式填入祖先牌位或公媽牌內。每逢年節祭祖時，如除夕過年、清明、端午、中元、祖先忌日、重陽作總忌、春季秋季祭祖等，便可享受子孫敬拜祖先的香火與供品。一般在台灣閩南人的家庭神明廳內，龍邊供神明，而虎邊則供歷代祖先的公媽牌，金門人例外，以祖先為尊。

一般民家的公媽龕，會以一小型木雕龕盒狀，中款再寫著歷代祖先神位，龕上可能會寫上「孝思堂」，中款上端先是橫寫堂號，如「靖邑」、「穎川」、「延陵」等，接著再直書「堂上歷代高曾祖○公媽神位」，字數需符合「生、老、病、死、苦」中落到「老」字數者為佳，故一般多寫七字或十二字，下款並寫「子子孫孫奉祀」等字樣。小型的公媽龕兩旁柱子再書「百世孝思高仰止，萬年友派永流通」。而且要注意公媽牌上的金漆字跡需要很清晰，若時間久後有脫落的情形，得趕快再請人重新補字填寫清楚，否則會影響家運的亨通。

民家的祖先牌位（公媽牌）／謝宗榮 攝

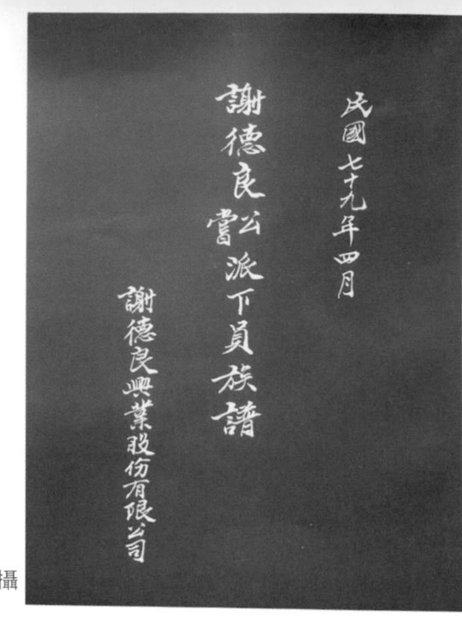

南投市謝德良公嘗族譜／李秀娥 攝

族譜

由於台灣的漢人主要是明清時期由中國大陸移民而來，歷經時空的演變，而逐漸繁衍出許多宗族和家族的子孫，為了讓族人清楚瞭解所屬姓氏的源流考、重要始祖的生平沿革、宗族的遷移過程、以及歷代各世代的男性子嗣的姓名、娶妻姓名、生育子嗣傳衍的情形（有子嗣、過繼、出嗣、絕嗣等或有子嗣出生、死亡等資料），所記載的族人傳衍系譜，則稱為「族譜」，後因時代改變也將生育女兒的姓名列出來，詳細的還會註明可以追查到的族人輩份、生卒年（含中式、西式年份對照）、學歷、所從事的行業、住址。當家族有人結婚生子或有族人亡故，每隔一陣子便會由族人中熱心的人出來訪查，並將資料重新更正或補充，再由族人善寫書法者填寫多份分贈族人，後因現代印刷業進步，便由族人共同出資印刷，再分贈給相關的族人之每戶代表，通常為長子（大房）所保存，以為紀念或留作該家的傳家寶。

作忌日

一般在親人亡故後，逢第二次的逝世紀念日（即「忌日」）時，於中午前準備敬拜已故親人的便菜飯、酒食等祭品，於祖先牌位前祭拜，當香枝已過半接近香腳時，便擲筊請示是否已吃飽？若得聖筊，則可以燒金銀紙、蓮花金（可由女兒買來）等。此後，年年以此日為忌日祭祀亡親，稱為「作忌日」。

122

親人逝世週年忌日祭祖的便菜飯／李秀娥 攝

作冥誕

有較慎重的人家，會在已故親人的生日時，也準備祝賀壽誕的供品來祭拜，仿如生前過生日、祝壽一般，為其作「生日忌」，也是「作冥誕」。

作總忌

移居台灣的部分漳州人或泉州人後裔，因祖先傳衍許多代了，無法一一分別為不同的男女祖先作忌日的祭拜，而取重陽日統一為所有祖先的忌日，舉行「作總忌」。此源於因昔日經濟條件不佳，無法為男女祖先們分別再舉行忌日，採取便宜行事的作法，因而統一於重陽節當天再敬備豐盛的飯菜、酒食等供品來祭拜，稱為「作總忌」。[123]

重陽節以豐盛的便菜飯在公廳為歷代祖先作總忌／李燦郎 攝

清明節以豐盛供品祭拜家中祖先／李秀娥 攝

家宅祭祖祭品

台灣一般習俗是重要的年節皆要敬拜祖先，如過年、上元、清明、端午、中元、中秋、重陽節等。供品設在神明廳祖先牌位前的供桌上，往往會先拜神明再拜祖先，所以先將全副的三牲（雞肉、豬肉、魚肉）、水果、糕餅敬奉神明後，可再將三牲切開，移到祖先牌位前，敬奉歷代祖先，並會煮一些如家人日常晚餐所吃的便菜飯。用於祭神、拜祖先之水果為各種天然水果，但忌用番石榴（多子隨排泄物落地可生，屬臭賤類）、番茄（多子隨排泄物落地可生，屬臭賤類）、釋迦（對釋迦牟尼佛不敬）三項水果。若過年除夕或新春拜祖先時，會再加上年糕、蘿蔔糕；清明節時，會加上紅龜粿、丁仔粿、草仔粿等；端午節則再加上粽子；重陽節時一般民間會對祖先作總忌，供品較平日祭祖更為豐盛。

一般拜祖先時，有的民眾會在供桌上準備七杯酒、七個碗與七雙筷子；有的則備十副碗筷、酒杯。過年時較隆重拜祖先時，用壽金、刈金、銀紙；平常的節日祭拜，則用刈金　銀紙。但是現代也有民眾認為銀紙是零鈔，因台灣經濟較農業社會富裕許多了，所以北部民眾改用壽金、刈金；中部民眾用足百壽金、或是以蓮花金、蓮花銀來祭祖；南部民眾也用蓮花金、蓮花銀、或是九金、九銀來祭祖。

台北市謝氏宗親會秋季祭祖暨世界謝氏宗親會會員大會，於陽明山北市宗親會舉行／謝宗榮 攝

宗祠祭祖祭品

台灣有些宗族因來台繁衍子孫許多代後，加上經濟條件不錯，因而會由宗族成員發動，鳩資興建該姓的宗祠，供後代子孫緬懷與憑弔歷代先亡族親，特別是開台祖、開基祖，這也是表達慎終追遠的精神與追思之意，故往往每年有春、秋二祭，有些宗族為了祭拜上較省事，則有訂為每年祭祖一次，可選為春祭或秋祭。宗祠在春、秋二祭時，會由宗族的子孫準備相當豐盛的祭品，並行隆重的三獻禮。而祭品包括牲禮、酒、水果、餅乾、飲料、壽麵、壽桃、紅龜粿、蘿蔔糕、發粿等，牲禮隆重者有全豬、全羊，或是麵豬、麵羊，普通者可選用五牲（如豬頭、雞、鴨、魚、豬肚）或三牲（豬肉、雞、魚），或是準備素五牲或素三牲。

台北市謝氏宗親會供奉的歷代謝氏宗祠祖先牌位／謝宗榮 攝

台北市謝氏宗親會的主祭官正在行秋季祭祖三獻禮，司儀正恭讀祝文／謝宗榮 攝

墓與墓園

在身故後安葬的墓與墓園，可包括硬體設施：墓、墓碑、石香爐、石供桌、石筆、石翁仲、石獸、石旗杆、石坊、石壁、石土地公、墓誌銘、碑及碑文、墳亭，以及祭祀活動：清明培墓、掃墓、掛紙，客家人掛紙（掃墓）等項目來介紹。

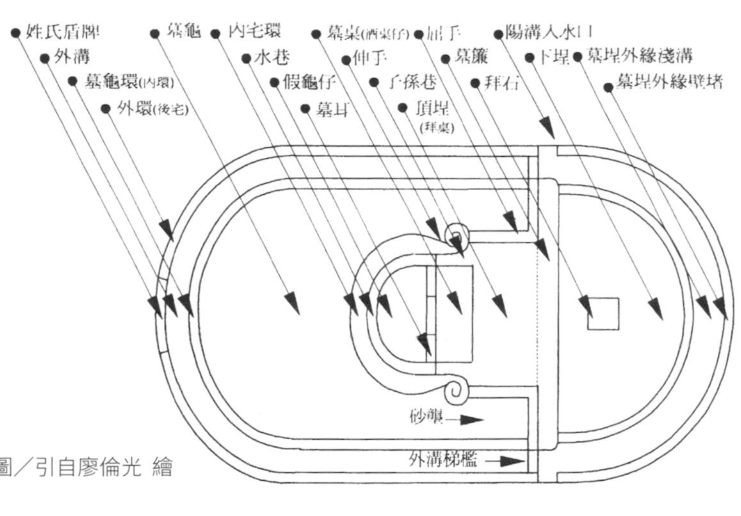

傳統墓塚構建位置圖／引自廖倫光 繪

墓

傳統習俗人們死亡後，會埋在墓地裡，而稱為墳墓、墓塚。墓有分土葬、撿骨葬、衣冠塚之墓。基本上台灣地區的墓的構造，主要是中間的墓碑，標示著亡者的名諱或官銜、立石年代、幾大房子孫立等資料。墓碑兩側之領襟稱為伸手，有一伸手、二伸手、三伸手，甚至有四伸手；墓庭有一拜埕、二拜埕、三拜埕，墓碑後突起之土堆稱為墓龜，墓龜後之靠山稱為墓山。墓山界堤稱為砂手，右方稱為龍砂（按：指龍邊），左方稱為虎砂（按：指虎邊），另稱周穴之山，左為青龍，右為白虎。

墓碑之左右石又稱為墓耳，連接墓手，墓手彎曲處築方柱，稱為印頭，築圓柱稱為石筆，而左右墓手圍成墓埕，或稱為拜庭。拜庭有鋪水泥或磁磚者。墓碑兩側豎立石獅，也有豎立石人及石虎的，稱為「翁仲」。[124]

築印頭有希望祖先庇佑子孫當官掌印之兆，而石文筆則有庇佑子孫文采出眾，早得功名之兆。一般人的墓，可能會有石獅、印頭、石筆，但較少見有石翁仲，有石翁仲者，通常是在清代享有功名與官銜者，才會有的設置。也有的墓很簡陋，得視建造年代與墓主家屬的經濟能力而論，有的甚至只有墓身、墓碑而已，不見有左右伸手的設置。

而未成年者夭亡的，甚至連墓碑都沒有，也不會刻亡者姓名，只簡單草草埋葬，墓身也較小，只找個大一點的石頭當墓碑標示而已。夭亡者也有見挖土埋葬後，僅以大紅磚和泥土蓋住遺體，當做標示而已，此則常見於新北市土城大墓公一旁的山丘墓塚地。

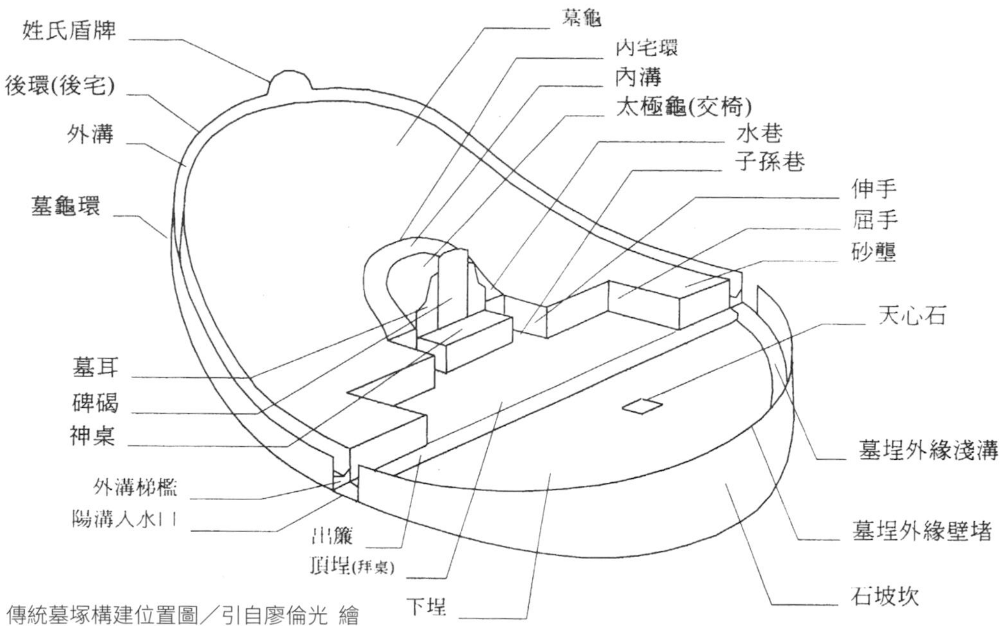

傳統墓塚構建位置圖／引自廖倫光 繪

清代一品大員王得祿墓塚／謝宗榮 攝

清明為夭折子女掃墓掛紙／謝宗榮 攝

新北市土城大墓公背後的墓龜／李秀娥 攝

清乾隆癸卯 48 年（1783）壽山呂公古墓碑／李秀娥 攝

1979 年立吳公吳媽墓碑與酒菜桌／李秀娥 攝

清道光甲辰 24 年（1844）立的王得祿墓碑／謝宗榮 攝

墓碑

人死亡後成為亡者，其屍骨土葬者，埋於墳墓，而墓身中央多會立有墓碑，即以石碑刻有亡者的名諱、籍屬堂號、卒於什麼年代、陽世的幾房子孫同立等字樣，此即亡者新墳的墓碑。除非未成年而亡者，則不刻正式的姓名墓碑，僅以一片小型石塊標示下有埋葬屍骨而已。

墓碑上的字句如歿於清代者，則自上端中央起書寫如「皇清顯考○府○○君諱○○之佳瑩」、「皇清顯妣○媽○氏諱○○之佳瑩」，上端兩旁再寫上籍貫屬或堂號，如「銀同」、「晉江」、「同安」、「南靖」等。有功勳者可能寫「南邑」「清例授武略騎尉○○溫公墓」、「道光庚子季冬」、「男○○、○○立」。無功勳者可能刻書「晉江」「顯考陳○○佳城」、「民國丁卯冬建」、「男四大房立石」。懂得規矩的在書刻墓碑上的字數，左右中皆需符合「兩生兩老合一生」，亦即需數「生老病死苦」，有少數地區則數「興旺死絕」來推算吉利字數。[125]

台灣尚保有清代官員的墓碑，如位於嘉義縣六腳鄉內即有著名的清代一品大員王得祿墓，其生於乾隆三十五年（一七七○），卒於道光二十一年（一八四一），生前在嘉慶皇帝時代，誥授將軍晉加榮祿大夫，歷任福建浙江提督二等爵，贈伯爵太子太師，其兩位夫人則受封為一品夫人。

台北內湖陳姓墓園有石香爐／謝宗榮 攝

台北內湖陳姓墓園有石供桌／謝宗榮 攝

石香爐

人死亡後成為亡者，其屍骨土葬者，埋於墳墓，有些較富有的人家則會將新亡者埋於風景秀麗的墓園內，所以在墓身的設計上也較為講究，而在墓前也特別加設一石香爐，供家屬祭拜後方便插香用。一般國人傳統觀念為「天圓地方」，所以拜天神用圓香爐，拜地祇用方形香爐，所以拜祖墳時也依例會用方形石香爐，但是也有民間人士不懂，而設圓形石香爐於墓前的。而一般早期的墓身，則往往不設石香爐，而是讓人直接插在泥地上。

石供桌

人死亡後成為亡者，其屍骨土葬者，埋於墳墓，有些較富有的人家則會將新亡者埋於風景秀麗的墓園內，所以在墓身的設計上也較為講究，故有亭子、石桌椅等可供前來祭拜的家屬休憩。而墓身的正前方也特別設有長方形的石供桌，可供祭拜的家屬擺放祭拜亡者或祖墳的豐盛供品，而不用將供品擺在地上，這也較為衛生，對亡者或祖先在祭拜上也較為禮貌。

台北市內湖陳文瀾墓之石筆望柱／謝宗榮 攝

新竹開台第一進士鄭用錫墓石筆望柱／謝宗榮 攝

石筆

一般台灣民間常見的亡墳墓身上，多會在墓碑兩旁的墓手對稱處，加設一對彷如毛筆頭毛色旋轉筆尖朝上的石製文筆，稱為「石筆」，這對於該戶祖墳的風水上，有祈求此墳之風水地，以及加上祖先的庇佑，將來子孫可出才學出眾的文人之吉兆。

石翁仲

清代沿襲古代朝廷官制下，有些帝王陵寢和重要官員的墓園中，會在墓前的兩側，每隔一段距離設有石刻的文翁仲、武翁仲、石刻的馬、羊、辟邪（帶飛翅）、鎮墓獸、石獅、石虎等石獸。台灣位於嘉義縣六腳鄉內即有著名的清代一品大員王得祿墓，其生前於嘉慶皇帝時代，誥授將軍晉加榮祿大夫，歷任福建浙江提督二等爵，贈伯爵太子太師，其兩位夫人受封為一品夫人。該墓園中即有兩尊文、武翁仲，如真人般高的文翁仲和武翁仲，其刻工非常精彩。文翁仲則為文官侍從，常做身穿清代文官長袍，帶文官帽，雙手合抱於胸腰處。武翁仲則為武官侍從，常做武將鎧甲裝束，頭戴武盔，雙手合抱長劍或其他武器，或是以腰配長劍之威猛裝束。

清代官員王得祿墓園前的石雕武翁仲／謝宗榮 攝

清代官員王得祿墓園前的石雕文翁仲／謝宗榮 攝

石獸

清代沿襲古代朝廷官制下，有些帝王陵寢和重要官員的墓園中，會在墓前的兩側，每隔一段距離設有石刻的文武翁仲、石刻的馬、羊、辟邪（帶飛翅）、鎮墓獸、石獅、石虎等石獸。台灣一般民眾的墓園中，常見的石獸，有位於墓手兩側的小石獅，藉威猛的石獅，守護墓園，避免邪祟的干擾，故有辟邪之意。而位於嘉義縣六腳鄉內即有著名的清代一品大員王得祿墓，其生前在嘉慶皇帝時代，誥授將軍晉加榮祿大夫，歷任福建浙江提督二等爵，贈伯爵太子太師，其兩位夫人受封為一品夫人。

清代官員王得祿墓園前的石馬／謝宗榮 攝

清代官員王得祿墓園前的石羊／謝宗榮 攝

清代官員王得祿墓園前可愛的石虎／謝宗榮 攝

新竹開台第一進士鄭用錫墓石像／謝宗榮 攝

其墓園中草地上分有龍、虎邊兩長列之石刻人物與石獸，自墓碑前算起，依序為一文翁仲（文官隨從，龍邊）、一武翁仲（武官隨從，虎邊）、一對石馬、一對石羊、一對石虎等石獸。因民間時常傳說這些石獸於夜間會跑出來偷吃農田裡的作物，農民不堪虧損，所以便偷偷將石羊的羊角破壞了。而其墓身本身之龍虎邊也分別立有四對小型的石獸，以最接近墓碑算起，依序是麒麟、鳳凰、石獅、石象。

清代官員王得祿墓身的石獅／謝宗榮 攝

清代官員王得祿墓身的石象／謝宗榮 攝

清代官員王得祿墓身的石麒麟／謝宗榮 攝

清代官員王得祿墓身的石鳳／謝宗榮 攝

一般墓地的母石獅／李秀娥 攝

一般墓地的公石獅／李秀娥 攝

台北內湖陳姓墓園石壁有麒麟雕刻／謝宗榮 攝

台北市內湖陳文瀾墓石旗杆／謝宗榮 攝

石旗杆

凡是於清代科舉考試中得到進士或舉人者，所享有的特殊榮耀，在其居住的屋厝庭院中或是死後的墓園中，可以設立一對高聳的旗杆，若全為石頭打製者，稱為「石旗杆」。在高聳的石柱頂端再下來一些處，設有一石製的方形斗，象徵此進士或舉人，在受到朝廷皇帝的賞賜與分派官職，享有的朝廷俸祿幾升幾斗。如位於台北市內湖金龍隧道口附近的陳悅記家族中的清代舉人陳維英祖父陳文瀾墓園，則擁有一對石旗杆，非常精美。

石坊

古代凡有科考功名、功勳或屬貞潔烈女者，其墓園若經家族集資修築，為彰顯其殊榮與功績者，往往會加立一高聳的石牌坊，上面雕有許多花鳥龍鳳瑞獸等祥瑞圖案，並刻有該石坊所隸屬的主人的主要名諱與興建石坊的主要原因。這也是讓到墓前祭拜者，可以感念其生前的功勳與殊榮，並起效法之心。

石壁

古代凡有科考功名、功勳或屬貞潔烈女者，或是經濟富裕者，其墓園若

中央研究院胡適院長墓誌銘／謝宗榮 攝

台北市內湖墓塚石刻土地公／謝宗榮 攝

經家族集資修築，為彰顯其功績、殊榮或富裕的聲望地位者，往往會在墓身的石壁，加上許多石雕的花鳥、石獅、麒麟、龍鳳、瑞獸等祥瑞圖案，此外，有的也會設有文武翁仲等人物陪著墳墓主人。而石壁上除了雕有諸多祥瑞圖案外，也會刻有一些對仗工整祈求子孫孝賢文采出眾的文句。

石土地公

眾多亡魂，皆來自山河大地，而山中則歸山神所管轄，土地則歸土地公（福德正神）所管轄，人死亡後，亡魂也歸土地公帶引，墳地多以「后土」神稱之，墓地中有以石刻「后土」二字為代表者，亦有以石刻或水泥塑的土地公神像代表著，而此土地公像背後則往往有一小片石壁，可為其遮風避雨的。一般墳地上的土地神，若以石刻者，稱為「石土地公」，多為白鬚身穿黃色的員外服為主，手持一枴杖，造型慈祥。

墓誌銘

在古代凡文人新亡後，往往會在生前先自行擬好自己的墓誌銘或由友好的文人代擬一篇墓誌銘，以為紀念亡者生平事蹟。墓誌銘內容可從亡者所屬的姓氏、郡號、堂號、籍貫等起頭，一直談到亡者的出生，以及自小至大一些重要的事件、經歷與貢獻，可供後人憑弔與瞭解。但是在台灣民間習俗上一般人埋葬時，往往很少寫墓誌銘，可能是文人或官員等才會較注重請人寫墓誌銘，供人憑弔與追思。

清代官員王得祿墓園入口處，由政府設立墓園特色之碑文介紹／謝宗榮 攝

南投市清明培墓上香／謝宗榮 攝

碑及碑文

在台灣的宗族或家族墓園，或是相當重要的清代官員，或重要人物，或是具有影響力的人物等，在其逝世後所啟建的墓園內，有的便會請石匠特別刻上碑及碑文，記載著該家族墓園的興建沿革，或是有關該墓主人的重要生平事蹟，以供後人憑弔與瞭解。有的碑文甚至會請當代著名的文人代為撰擬，亦有相得益彰的功能。

墳亭

人身故後成為亡者，其屍骨土葬者，埋於墳墓，有些較富有的人家則會將新亡者埋於風景秀麗的墓園內，所以在墓身的設計上也較為講究，又如家族墓園者，往往因集資修築墓身，故在墓身上方，多會加設一墓亭，一來可為祖墳遮陽避雨，二來亦可為前來祭拜的家屬子孫有遮蔽陽光或天雨的作用，故此墓亭亦可稱「墳亭」。此外，也有的大型墓園有設乘涼的亭子、石桌椅等可供前來祭拜的家屬休憩。墓園中休憩乘涼的亭子，若以石材所製，可稱為石亭。

清明培墓民眾以豐盛供品祀后土／謝宗榮 攝

著黃袍的墓地土地公像，民眾正在清明培墓祀后土／謝宗榮 攝

清明培墓、掃墓、掛紙

由於各地習俗或祖籍不同，舉行掃墓的日期也不同，如漳州人多重視農曆三月初三小清明（古清明）的掃墓，但一般民眾多以「清明」為主要掃墓祭祖的時節，也有居民則習慣以清明前後各十日期間，為彈性掃墓期。清明一到，子孫攜帶各種相關的祭品前往祖墳，除草填土和「掛紙」、「壓墓紙」，象徵為祖墳蓋厝瓦，表示該墳塚是有後代子孫祭祀的。

一般墓紙有分黃色的古仔紙以及紅、黃、藍、綠、白的五色紙兩類，各地使用習俗不同，在台灣的漳州人多用黃色古仔紙，泉州人多用五色紙，對於墳塚本身的局部置放壓墓紙的總數採奇數為主，另外再對后土神置放一處壓墓紙。[126] 在置放壓墓紙時，希望有吉祥兆頭的人會在墳塚上掛紙的地方，以石塊壓住一兩張（或一疊）古仔紙或五色紙，特別擺出一個「士」字，如墓碑、左右墓手、左右墓腰、墓中、墓後等七處，象徵「七星墜地，子孫出士」的吉兆，祈使家中能栽培出善讀書的子孫。[127]

清明培墓敬獻丁仔粿紅龜粿，以祈添丁長壽／謝宗榮 攝

南投市清明培墓以豐盛供品祀祖墳／謝宗榮 攝

彰化花壇清明掃墓壓五色紙／謝宗榮 攝

新墳（新亡或撿骨後未滿三年者，也有人以一年計）的祭祀壓墓紙，稱為「培墓」，祭拜時，得先祭后土再拜祖先，祭后土時得準備豐盛牲禮（三牲或五牲）、蠟燭一對等；若是新墳，則必須供五牲以及麵粿、紅龜粿，祭拜后土需用「乾茶」（杯中只放茶葉）、湯圓。至於拜祖墳時，則準備兩束鮮花、一對蠟燭、牲禮或十二道菜飯和粿類（如紅龜粿——祈求長壽、丁仔粿——祈求出男丁、鼠麴粿或草仔粿）。若是舊墳，掃墓時供品便較簡約，隨人的心意。

彰化花壇清明培墓的子孫燈／謝宗榮 攝

清明掃墓於納骨塔祭拜祖先／謝宗榮 攝

至於所供奉的金銀紙，則視新墳或舊墳，若是新墳北部則以福金（土地公金）、壽金拜后土，以壽金、銀紙（大小銀皆可）拜祖先，南部人士則以九金、九銀敬奉祖先，中部人士則以蓮花金、四方金、壽金、銀紙敬奉祖先；至於舊墳北部則以壽金、刈金敬奉祖先，銀紙因為被視為零鈔，現在有的人則不用；南部人則仍以九金、九銀敬拜祖先，中部人士則以壽金、四方金來敬奉祖先。[128]

收拾供品離開前，將祭拜過的雞蛋、鴨蛋在墓碑上打破，再將蛋殼撒灑在墳上；也有將春乾皮剝下，撒在墳上的，此舉有象徵祖先「脫殼」、「重生」、「解脫」之意，或是指新陳代謝之意。以前習俗上也有將祭拜完的紅龜粿、鼠麴粿、草仔粿分給當地前來乞討的小孩吃的，稱為「揖墓粿」或「乞墓粿」，此有祖德流芳之意，主要也是怕他們破壞或咒罵祖墳，現已罕見此俗。[129]

台灣人的習俗中，當家中長子娶妻、添丁生子、置產等喜事時，一定要培墓，昔日添丁培墓時則需準備一對「子孫燈」（俗稱「番燈仔」、「四丁仔」），上面寫有「子孫興旺」、「添丁進財」或「財丁兩旺」、「富貴雙全」等吉祥字句。[130]而「子孫燈」也可稱為「培墓燈」，可用喜氣的粉紅色，祈求「財丁兩旺」（燈上也加寫「招財進丁」、「百子千孫」）、「富貴雙全」（燈上加寫「子孫興旺」、「福祿全壽」）。祭拜前，在祖先墓前燃燭祭祀後，將之小心放於子孫燈內，不能熄火，一路護送回家，掃墓返家後立即將子孫燈安放於祖先神桌前。[131]

清明鼠麴粿／李秀娥 攝

南投清明掃墓煙霧裊裊／謝宗榮 攝

客家人掛紙（掃墓）

一般台灣的客家人於元宵後（即正月十六日起）至清明節期間，會率家族子孫前往墓地整理墓園，行掃墓之俗，並備辦發粄、糖果、紅蛋、三牲、果品等前往祭拜，且會以黃古紙（或滴上雞血）掛於墓碑上方中央及置於墳土上，以石頭或磚塊壓住，此稱為「掛紙」。墳墓完工後的祭祀，稱為「圓盆」，而安葬後的第一次掃墓，會選一黃道吉日，稱為「開青」。北部客家人習俗則自亡者安葬後，每逢元宵節次日（正月十六日）行掃墓祭祀「掛紙」之俗；[132] 至於屏東縣六堆地區則習慣於農曆的二月初二伯公生後到清明節期間，行掃墓掛紙之俗，會以紅色五福符或滴有雞血的黃墓紙，或壓或貼在后土（伯公）碑頂和墳碑頂上，墳邊周圍則放十二張銀紙，稱為「壓墓紙」或「十二禁紙」。祭拜後，要剝下蛋殼，遍撒墳地，表示新陳代謝、生生不息之意，也有象徵有食有剩，因「蛋」的客家音為「春」，有剩餘之意，表將來有食糧與財富充足之意。屏東六堆地區客家人以十二張銀紙作為「壓墓紙」或「十二禁紙」，有整修祖墳屋厝，也是希望祖先能夠庇佑子孫一年十二個月，月月吉祥順利，倘若碰到農曆閏年有十三個月時，則置十三張銀紙。[133]

掃墓艾草粿／李秀娥 攝

南投清明掃墓／謝宗榮 攝

其他的傳統葬禮

台灣人除了普遍舉行的傳統喪禮外，還有其他的傳統式葬禮，茲舉「招魂葬」、作譴爽（獵七葬、送空棺、草人葬）等二項，說明如下。

招魂葬

如果亡者因意外事故罹難時，必須延請道士或法師、僧尼持招魂旛前往事故地點招魂，又若意外身故的往者屍體無法尋覓時，如溺斃、山難、空難、失蹤等，則需於事故地點舉行「招魂葬」。古代習俗，會製一銀牌，寫上亡者姓名，咬指血點之，放入金斗甕內埋葬。

一般則請道士前往事故地點，以草紮替身（僅具頭部），臉畫五官，頸部釘縫上衣，上衣下端縫下衣，褲腳「穿鞋弔襪」，將草人掛在一支竹竿頂，另以白布吊一白雞，作為引魂。當白雞啼叫時，卜得聖杯，表示亡魂已歸來，此時竹竿也會自行搖動。之後將亡魂引至一旁所搭靈厝，靈厝內有交椅兩把，一大一小，俗諺：「大椅坐，小椅置腳」，草人腳不可著地。待法事完畢，將草人與靈厝一起焚化，也有人將草人裝於木板所釘之小棺木盒內，再行土葬的安葬儀式，供子孫祭拜。[134] 亦有水難或投水身故尋不著屍首時，可以西瓜畫五官，投入水中，水面上家屬攜帶亡者衣服，上香再行招魂儀式，亦可使屍首容易浮出而被尋獲。

重喪除土葬棺木外，再加一紙糊空棺葬／楊士賢 攝

作譴爽

（獵七葬、送空棺、草人葬）

指一家同時辦理兩位身故者的喪禮時，或一年內家中有兩件以上喪事者，台灣的民間習俗認為該家凶煞極重，因此需要以草人替身葬之，稱為「獵七葬」，此種「重喪」的「獵七葬」，在台南地區則稱為「作譴爽」。

閩南語俗諺：「有一就有二，有二就有三。」當一個家庭在同一年內出現兩件「重喪」時，便會以草人替身（僅具頭部），臉畫五官，請道士開光，穿著第二位亡者之衣，或用畚箕裝、或裝紙棺內，並祭一碗飯、一鴨蛋（或雞蛋），在重喪的喪葬行列中，雇人捧持草人、祭品，到村落外，棄置路上；也有將其帶往墓穴一起埋葬的，此有避免出現三喪的不幸。台中市民對重喪者，則需加用一白雞敕符，一鴨押煞。[135] 所以這種兩件以上的重喪，要送另一副空棺的葬法，又稱「送空棺」，因要以草人做為替身安葬，故也稱「草人葬」。

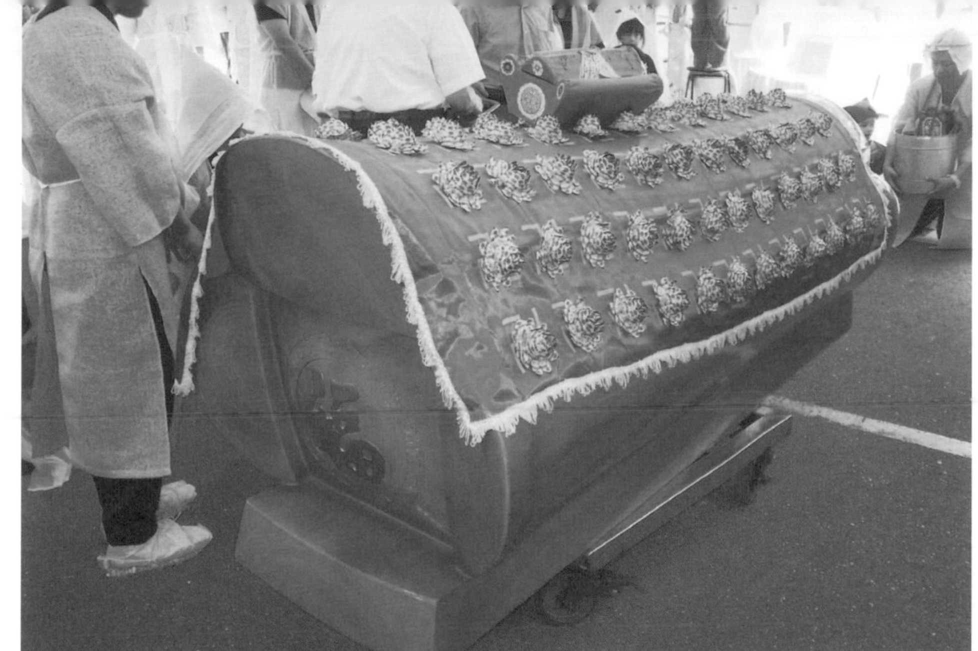

紙糊空棺置於棺木上／楊士賢 攝

重喪加附紅色的紙糊空棺，以免同年再有第三位家屬喪命／楊士賢 攝

現代化喪禮

台灣社會因應社會變遷與受到佛教或其他新式觀念與文化觀念的影響，有些人捨棄了傳統的喪禮，採用了現代式的喪禮，茲簡述下列幾項：

【一】佛化喪禮；

【二】改良式喪禮——生命契約、生前契約；

【三】其他新式的喪禮：

一、環保自然葬之一：樹葬、樹灑葬；

二、環保自然葬之二：海葬；

三、新式器官捐贈的殯葬禮俗。

萬華龍山寺住持慧印法師圓寂時，於鄰近地藏庵前所設的靈位／謝宗榮 攝

萬華龍山寺住持慧印法師圓寂時，臨濟護國寺住持真光法師率僧團為其誦經作拔度功德／謝宗榮 攝

萬華龍山寺住持慧印法師圓寂時，臨濟護國寺住持真光法師登座主法放焰口的拔度功德／謝宗榮 攝

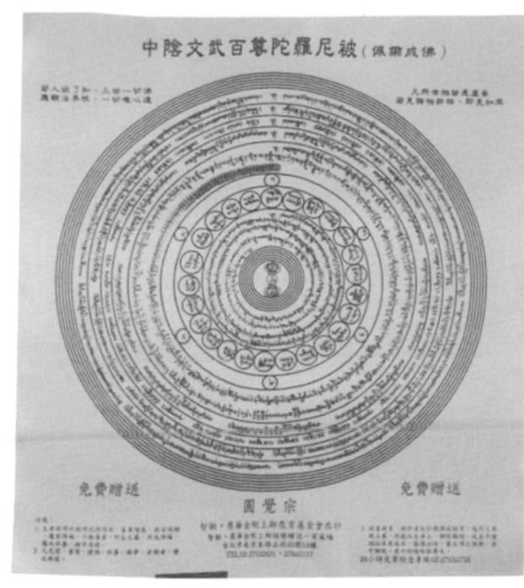

佛教徒入殮時，可蓋在額上或胸前的手帕型「中陰文武百尊陀羅尼被」，可使亡者往生淨土、解脫輪迴／謝宗榮 攝

【一】佛化喪禮

台灣地區有許多佛教徒，若有皈依某佛教道場的師父，許多出家人或佛教信眾可能往生後便會採用佛教的喪禮或佛化的喪禮，而一般的禮儀公司也會配合推出佛化的喪禮，佛教非常強調剛往生的八小時內勿搬動亡者，要專心為其助念，好幫助中陰身狀態的亡者，可順利通往極樂世界。佛教徒也有為亡者作七作功德的習俗，即使連西藏密宗的佛教，也非常強調死後每隔七日，尤其是七七四十九天內為亡者作七（做七）的超薦修法，祈求佛菩薩為亡者的中陰身引導往生佛國與祈福。

136

一、民間佛化喪禮

若以民間經營的「佛化靈儀社股份有限公司」所推出的佛化喪禮為例，介紹其程序內容：

1 著裝

〔遺族著海青或黑長袍，替代披麻，顯得莊重、素雅〕

2 上香

a 全體遺族先向佛菩薩上香。

b 全體遺族向靈前上香。

3 移靈

〔將遺體或靈柩移至會場內（主壇後方為宜），通常遺族一人代表執香，全體跟隨，大眾一邊念佛，一邊行進〕

金寶山懷恩廳告別式的外觀／吳碧惠 攝

金寶山告別式奠禮的場地布置／吳碧惠 攝

民家採用佛教供西方三聖的靈位／謝宗榮 攝

新亡者的紅色香火袋／李秀娥 攝

4 獻供

〔借由供養佛菩薩，開啟告別式之序幕，準備花、燈、果，由家屬輪流獻供〕

佛化喪禮的告別式式場／李秀娥 攝

佛化喪禮總七孝眷送化庫銀、衣褲／李秀娥 攝

佛化喪禮總七填庫蓋手印／李秀娥 攝

佛化喪禮總七焚化庫銀、衣褲／李秀娥 攝

5 誦經開示

a 大眾起身，恭請法師入堂。
b 誦經開示，功德回向。
c 禮謝法師。
d 恭送法師。

佛化喪禮總七居士誦經／李秀娥 攝

6 家祭（奠）

a家祭奠禮開始，奏樂。
b司儀依遺族輩份，依次唱名出列。
c上香、獻果、獻茗、並行三跪九叩首大禮（晚輩對長輩時），平輩鞠躬即可。
d讀家祭文——古稱哀章，或感恩詞，由家族一人代表或司儀代唸。
e禮成，復位。

佛化喪禮總七孝男隨拜／李秀娥 攝

金寶山奠禮中的家奠禮上香／吳碧惠 攝

7 公祭（奠）

a公祭奠禮開始，奏樂。
b生平事略介略（由治喪委員或司儀介紹）
c團體單位公祭（現場填單或預排均可）。
d恭讀祭文——又稱弔調、悼文，以較高單位的一篇代表。
e個別來賓自由拈香（排班）
f遺族一一答謝。
g禮成。

金寶山奠禮中的公奠禮／吳碧惠 攝

金寶山公奠禮中貴賓獻花／吳碧惠 攝

8 瞻仰遺容

［親屬看亡者最後一面，通常在入殮封棺前，或出殯當天蓋棺前，繞棺瞻仰］

孝長男以嘴拔孝子釘／李秀娥 攝

男性平輩親戚持斧封釘／李秀娥 攝

金寶山奠禮中由男性平輩親戚行封釘儀式／吳碧惠 攝

9 起靈

a 等靈柩綁好後，舉佛號起靈。

b 法師引導靈柩至靈車前，等靈柩上車後，收佛號。

c 法師上車（法師車排在靈柩車之前）。

金寶山奠禮入殮辭生，餵亡者最後一頓菜飯／吳碧惠 攝

為亡靈魂帛遮黑傘，起靈送往火葬場／李秀娥 攝

二、佛教的安葬儀式

(一) 火化

A所須用品

a供菜、供飯等祭品。

b蠟燭、香、花、果。

準備三份：

告別式、火葬場、返家安靈位用。

B火葬場誦經程序

a清涼地菩薩摩訶薩（三稱）。

b南無西方接引阿彌陀佛（三稱）。

c心經。

d往生咒、變食真言。

e通知火葬場工作人員點火。

f回向。

C火葬的特點

a方便、衛生、乾淨、不佔空間。

b奉安寺塔，專人管理。

c日後不用撿骨。

d於寺院中，亦可作隨堂超薦。

佛教東傳後，僧侶多用火葬；日本也以火葬為主；台灣因傳統民俗文化觀念的影響甚深，安葬儀式多為「火葬」與「土葬」二種。

火葬日課表／李秀娥 攝

亡者暫時安奉火葬場／李秀娥 攝

等待棺木火化，魂斗與遺像暫奉火葬場／李秀娥 攝

佛化魂斗內有魂帛與貢香／李秀娥 攝

（二）土葬

A所須用品

a六菜一飯等祭品。

b蠟燭、香、花、果。

準備三份：

告別式、墓園、返家安靈位用。

B墓園誦經程序

a清涼地菩薩摩訶薩（三稱）。

b南無西方接引阿彌陀佛（三稱）。

c心經、往生咒、變食真言。

d讚佛偈。

e念佛。

f回向。

金寶山奠禮中誦經／吳碧惠 攝

三、安位灑淨

A先請孝眷整裝。

B將牌位供奉在案桌上。

C若告別式場的靈桌尚未拆除，可幫忙拆除。

會誦「除靈法語」，內容如下：

接引先靈到西方，紅蓮台畔禮法王。
仰仗三寶加持力，往生淨土應萬邦。

D安位程序：

a清涼地菩薩摩訶薩（三稱）。

b南無大悲觀世音菩薩摩訶薩（三稱）。

c大悲咒。

d變食真言。

e回向。[137]

壯觀的龍巖戶外墓園，左遠方為真龍殿／林柏伸 攝

【二】改良式喪禮

——生命契約、生前契約

現代社會的台灣人對喪禮的形式與觀念已有轉變，能夠接受在經濟能力做得到的範圍內，為自己本人和家人未來的生命終點，預先做安排與準備，因而事先與相關的業者簽訂「生命契約」或「生前契約」，包括選擇「土葬」或「火葬」，何種形式的喪禮程序，將來要安葬於何種形式的土葬區或納骨塔位區。故而台灣有些具遠見的業者，便因應而推出公園化的墓園，結合墓園與休閒化的觀念，茲以民間企業團體所推出的「生命契約」或「生前契約」為例說明之：

一、「生命契約」

民間企業團體為響應政府「公墓公園化」政策，紛紛在景色秀麗的地區，闢建景觀墓園，並且成立「生命禮儀服務團隊」來為有需要的喪家服務，並且鼓勵消費者在生前便預先為自己或家人與業者簽訂「生命契約」，即為「生命禮儀服務的定型化契約」之喪葬產品服務。

墓園區內規畫有火葬的寶塔（納骨塔），骨灰室則分單人、雙人、家族等，其中又可分一般型、精緻型、典雅型、豪華型。而土葬的墓園則區分：規格式墓園、造景式墓園、玫瑰園、專業墓區規劃建設等類別。

龍巖現代佛化墓穴／林柏伸 攝　　龍巖新式豪華靈車／謝宗榮 攝

其壽終禮儀壽儀服務流程有：

臨終往生→遺體運送（運回家中或暫存殯儀館）→靈堂設置→治喪規劃→奠禮備置→奠禮儀式→安葬進塔→圓滿關懷。

其中「奠禮儀式」為：

家屬換穿孝服→引請牌位→請領遺體→開始依序引導奠禮→入殮禮→家奠禮→公奠禮→瞻仰遺容等→啟靈→發引→火化或安葬。

而「圓滿關懷」則包括：

每逢忌日、百年、周年、合爐及清明、中元等節日，可代辦祭祀事宜。

民間企業所推出的禮儀師是大專程度的青年，相當年輕幹練，有別於傳統式的殯葬業者和各地的禮儀公司，傳統式的多由較年長經驗純熟者任之，現代民營禮儀公司的禮儀師也有年輕化的傾向。

龍巖寵物晉塔誦經／林柏伸 攝

龍巖法師超薦亡者／林柏伸 攝

二、「生前契約」

民間企業團體所推出的「生前契約」，其宗旨「以人為本，全生命服務」。其陵墓區：分為火葬的「戶外別墅型納骨龕」和「寶塔型納骨塔」，以及土葬的「無塵樂土區」。

而容量大的寶塔型納骨塔，塔位區又區分出不同樓層與形式，可依需要與經濟能力而區分：「個人型骨灰式」、「雙位（夫妻）型骨灰式」、「闔家型家庭型」、「闔家型家族型」、「富貴型家族型」、「滿堂型家族型」、「尊貴型家族型」、「VIP闔家型家族型」等。

而其喪葬服務的流程，大致仍符合傳統式喪禮的程序，但可簡述為：

遺體接運→設立靈堂→入殮→治喪協調→奠禮準備→家奠禮、公奠禮→發引→出殯行列→火化撿骨→返主除靈→晉塔、安葬等。

其中會請誦經師父、誦經人員為亡者誦經和作相關儀式，而家奠、公奠時則會由專業的司儀主持和專業襄儀協助。[139]

富德公墓詠愛園樹葬區入口造景／謝宗榮 攝

【三】其他新式的喪禮

在此介紹三種新式的喪禮，這是目前政府比較有在推廣的環保觀念式的葬法，但是也比較新穎，採取此種的比例仍較為有限：

一、是環保自然葬之一：樹葬、樹灑葬；
二、環保自然葬之二：海葬；
三、新式器官捐贈的自主項葬禮俗。

一、環保自然葬之一：樹葬、樹灑葬

近幾年台灣吸收西方、日本等地的觀念，而有「樹葬」、「樹灑葬」的方式，此屬一切回歸大自然的葬法，自然又環保，所以稱為「環保自然葬」。「樹葬」是先將往生者火化後，骨灰以磨碎機磨成兩釐米以內的細粉，裝入紙或竹等特製骨灰罐中，埋入樹木根部，預計一、二年內骨灰將融解於土中，不會汙染環境。

而所謂「樹灑葬」（「灑葬」）則是在「樹葬」區周邊約五百平方公尺範圍，地上種上草皮，讓往生者骨灰直接灑在規畫範圍內，撒葬區遍植櫻花、玫瑰花、山茶花、杜鵑花、海芋等各類樹種，可依個人喜好選擇和大自然合

富德公墓詠愛園樹葬區內的香樟園，地上也有家屬獻花／李秀娥 攝

而為一的各式葬法，如「櫻花葬」、「玫瑰葬」等。國內有台北市文山區富德公墓灑葬區、新店市有「四十份公墓環保葬法專區」（分樹葬、壁葬區），台北市也規劃設計更完善樹灑葬區，屆時墓區會遍植許多開花的樹種，將呈現美麗的風貌，顛覆了一般人對墓地陰森恐怖的刻板印象。[140]

而座落於台北市文山區的「富德生命紀念公園」（即富德公墓灑葬區）為全國第一座啟用的樹灑葬試辦區，於二〇〇三年底啟用迄二〇〇五年八月，反應踴躍，已有三百多人長眠於此，大多數採「樹葬」，極少數採「花灑葬」。之後，並會啟用樹穴穴位輪葬制，無立墓碑之俗，樹上也不刻亡者姓名，而是懸掛祈福卡及以電腦建檔方式登記。台北市殯葬處預定將來繼續規畫南港區的「福德坑復育公園」，將可容納六千個樹葬穴位的大型樹灑葬生命園區。[141]

詠愛園樹葬區家屬為亡者敬獻十字架花束／謝宗榮 攝

台北市富德公墓詠愛園樹葬區／謝宗榮 攝

二、環保自然葬之二：海葬

海葬也是環保的自然葬法，但所需費用較樹葬、樹灑葬貴一些，台灣目前有些縣市的政府也在推行此葬法。下例分別就海葬的觀念、海葬的實施、海葬的儀式、海葬的程序等作一基本的介紹。

（一）海葬的觀念

人們認為人類本來就是自然的一部分，生命乃源自於海洋，因此回歸海洋乃為理所當然之事，而興起海葬之念。台灣為海島型國家，土地資源越來越少，近幾年高雄市、台北市政府與台北縣政府在推動海葬，越來越多人響應這項新的看法與做法。

（二）海葬的實施

實施海葬的場所會避開漁場、釣場、海上交通要道，距離陸地約二十公里的海上為原則。到達海葬地點的方式則是利用船舶。骨灰將之磨成粉狀（2mm 以下），並用水溶性紙張包裹。

（三）海葬的儀式

告別式開始致辭→海葬（灑骨灰）→獻花→默禱→巡航→最後離別的鳴笛→告別式結束致辭。

此為標準儀式，若需要道士僧侶的參加，家人或好友的告別辭、獻酒、合唱、背景音樂等，會依照家屬的需求而更改。

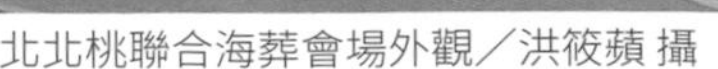

北北桃聯合海葬會場外觀／洪筱蘋 攝

北北桃聯合海葬手捧骨灰安息盒／洪筱蘋攝

（四）海葬的流程

死亡→葬儀→火葬（也有不舉行葬儀直接火葬的）→決定海葬、提出申請→決定海葬的時間日期（依據天候因素）→將骨灰加工（粉狀）→出航→到達目的地→海葬（撒骨灰）約十五分鐘左右→回程→禮成。[142]

三、新式器官捐贈的自主殯葬禮俗

現代中華民國器官捐贈協會自成立後，大力推動國人能夠響應器官捐贈，留給尚在陽世的人，可以即使身故後仍得以遺愛人間，此需擺脫國人傳統上「死要保留全屍」的窠臼，並積極推廣「殯葬自主」的觀念。此為擁有自主性安排往生儀式的理念，跳脫傳統葬俗的束縛，為自己往生方式負責；經濟負擔減少，省時又能舉辦心目中最獨特而難忘的喪禮。安排簡潔、環保、訴諸人性感情與真誠的喪禮，主角不再是過往繁雜的儀式，而是逝者的精神。故因應社會環保觀念產生新式的自主殯葬禮俗：

（一）臨終：預立遺囑（器官捐贈）。

（二）殮禮：殯葬自主（以往生者意願為主）。

（三）化禮（火化）：殮禮之後火化。

（四）殯禮（火化後舉行）：聯合奠祭為主。

（五）葬禮：環保自然葬。

（六）祭禮：永久的追思與紀念（視聽圖書館與永久網頁）。[143]

新式器官捐贈同意卡／李秀娥攝

註釋

1 芮逸夫，一九八九《雲五社會科學大辭典——第十冊人類學》，台北：台灣商務印書館，頁一〇七。
2 芮逸夫，一九八九《雲五社會科學大辭典——第十冊人類學》，頁一二一。
3 李叔還，一九九二［一九七九］，《道教大辭典》，台北：巨流圖書公司，頁九。
4 李叔還，一九九二［一九七九］，《道教大辭典》，頁九。
5 宋代張君房選輯，文山遯叟蕭天石主編，一九七九，《雲笈七籤》（四部叢刊．正編），台北：台灣商務印書館，頁一〇八。感謝友人張超然提供此段引文的修正與補充，以及提供魂魄觀始自春秋戰國，三魂七魄細分始自魏晉。
6 宋代張君房選輯，文山遯叟蕭天石主編，一九七九，《雲笈七籤》（四部叢刊．正編），頁五六〇。
7 宋代張君房選輯，文山遯叟蕭天石主編，一九七九，《雲笈七籤》（四部叢刊．正編），頁五六〇～五六一。也見馬昌儀，一九九九，《中國靈魂信仰》，台北：雲龍出版社，頁二〇三～二〇四。
8 宋代張君房選輯，文山遯叟蕭天石主編，一九七九，《雲笈七籤》（四部叢刊．正編），頁五六三。
9 此據台南縣佳里鎮林清隆道長的說明。
10 此段意即第六殿為卞城王所掌理的大叫喚地獄，凡是怨天尤地，或是對北方帝王尊貴之方位，哭泣便溺者，表示大不敬，死後便會發配到此殿受審。第七殿是由泰山王所掌理的熱惱地獄，凡是生前取人的骨骸去配藥，或是使人分離受極大淒楚者，死後皆發配至此殿受審。
11 呂宗力、欒保群，一九九一，《中國民間諸神（上、下）》，台北：台灣學生書局，頁五八一～五八二。
12 此據台南縣佳里鎮林清隆道長的補充說明。
13 上述大部分引自李秀娥，二〇〇三，《台灣傳統生命禮儀》，台中：晨星出版有限公司，頁二〇～三〇。
14 日人大淵忍爾，一九八三［昭和五十八年］，〈第二篇道教禮儀〉，諫田茂雄、大淵忍爾等著：《宗教の禮儀》，日本東京：福武書店，頁七〇三。

15 謝冰瑩、李鍌、劉正浩、邱燮友編譯，一九七六，《新譯四書讀本》，台北：三民書局，頁六一。

16 元代陳澔撰，楊家駱主編，一九九〇，朱子小學及四書五經讀本《禮記集說》，台北：世界書局，頁二六六。

17 中央研究院漢籍電子文獻：清代康熙五十九年（一七二〇）王禮主修，陳文達編纂台灣方志一〇三《台灣縣志》〈輿地志一．風俗〉，頁五四～五六。

18 台灣銀行經濟研究室（編），不著撰人，一九五八，《安平縣雜記》（台灣文獻叢刊第五十二種），頁一一。台北：台灣銀行發行。

19 徐福全，一九九五［一九九〇］，《台灣民間祭祀禮儀》。新竹：台灣省新竹社會教育館印行，頁四八。李秀娥，二〇〇四，《台灣民俗節慶》（民俗藝術十六）。台中：晨星出版有限公司，頁三四。

20 徐福全，一九九五［一九九〇］，《台灣民間祭祀禮儀》，頁四十八。李秀娥，二〇〇四，《台灣民俗節慶》，頁三五。

21 徐福全，一九九五［一九九〇］，《台灣民間祭祀禮儀》，頁四七。李秀娥，二〇〇四，《台灣民俗節慶》，頁三四。

22 徐福全，一九九五［一九九〇］，《台灣民間祭祀禮儀》，頁四六～四七。李秀娥，二〇〇四，《台灣民俗節慶》，頁三四。

23 蕭達雄，二〇〇三，《台澎地區禮俗禁忌論說：台語說禁忌》，高雄：高雄復文圖書出版社，頁一〇七，六二。

24 徐福全，一九九五［一九九〇］，《台灣民間祭祀禮儀》，頁六〇～六三。

25 李秀娥，二〇〇四，《台灣民俗節慶》，頁三五。

26 李秀娥，二〇〇四，《台灣民俗節慶》，頁三五，八二～八三。

27 徐福全，一九九五［一九九〇］，《台灣民間祭祀禮儀》，頁五〇～五一。李秀娥，二〇〇四，《台灣民俗節慶》，頁三五。

28 徐福全，一九九五，《台灣民間祭祀禮儀》，頁二九。

29 徐福全，一九九五，《台灣民間祭祀禮儀》，頁二九。

30 李秀娥，二〇〇三，《台灣傳統生命禮儀》，頁四八。

31 張懿仁，一九九六，《金銀紙藝術》。苗栗：苗栗縣政府編印，頁四六。李秀娥，二〇〇三，《台灣傳統生命禮儀》，頁四八。

32 張懿仁，一九九六，《金銀紙藝術》，頁四六。李秀娥，二〇〇三，《台灣傳統生命禮儀》，頁四八。

33 李秀娥，二〇〇三，《台灣傳統生命禮儀》，頁五一～五二。

34 李秀娥，二〇〇三，《台灣傳統生命禮儀》，頁五二。

35 徐福全，一九九五，《台灣民間祭祀禮儀》，頁三〇～三一。

36 張懿仁，一九九六，《金銀紙藝術》，頁四七。李秀娥，二〇〇三，《台灣傳統生命禮儀》，頁五一。

37 張懿仁，一九九六，《金銀紙藝術》，頁四七。李秀娥，二〇〇三，《台灣傳統生命禮儀》，頁五一。

38 張懿仁，一九九六，《金銀紙藝術》，頁四八。李秀娥，二〇〇三，《台灣傳統生命禮儀》，頁五二。

39 張懿仁，一九九六，《金銀紙藝術》，頁八四～九〇。李秀娥，二〇〇三，《台灣傳統生命禮儀》，頁五二。

40 程大學主持，一九八三，《台灣地區現行喪葬禮俗研究》（上冊），台灣省政府民政廳．台灣省文獻委員會．中華民國台灣史跡研究中心委託研究，頁九～一〇。

41 綜合參考程大學主持，一九八三，《台灣地區現行喪葬禮俗研究》（上冊），頁一〇～一一；陳瑞隆編著，一九九七，《台灣喪葬禮俗源由》，台南：世峰出版社，頁一一～一二。

42 陳瑞隆編著，一九九七，《台灣喪葬禮俗源由》，頁一一。

43 陳瑞隆編著，一九九七，《台灣喪葬禮俗源由》，頁一一。李秀娥，二〇〇三，《台灣傳統生命禮儀》（台灣民俗藝術八）。台中：晨星出版有限公司，頁一三〇。

44 陳瑞隆編著，一九九七，《台灣喪葬禮俗源由》，頁一〇～一一。

45 李秀娥，二〇〇三，《台灣傳統生命禮儀》，頁一三〇～一三一。

46 感謝建村禮儀公司張建村前理事長提供此說法。

47 陳瑞隆編著，一九九七，《台灣喪葬禮俗源由》，頁一三。李秀娥，二〇〇三，《台灣傳統生命禮儀》，頁一三〇～一三一。

48 陳瑞隆編著，一九九七，《台灣喪葬禮俗源由》，頁一三。

49 陳瑞隆編著，一九九七，《台灣喪葬禮俗源由》，頁二五七。李秀娥，二〇〇三，《台灣傳統生命禮儀》，頁一三〇。

50 林承緯，二〇一四，《就是要幸福：台灣的吉祥文化》，頁一六六～一六七。台北：五南圖書公司。

51 綜合鈴木清一郎原著、高賢治・馮作民編譯，一九八四[一九三四]，《台灣舊慣習俗信仰》。台北：眾文圖書公司，頁二三七；陳瑞隆編著，一九九七，《台灣喪葬禮俗源由》，頁一四，以及田野訪問修改而成。

52 引自龍虎山嗣漢天師府編印，二〇〇三，《度人經》，頁一三～一五。江西：龍虎山嗣漢天師府。

53 陳瑞隆編著，一九九七，《台灣喪葬禮俗源由》，頁一二九～一三三。

54 陳瑞隆編著，一九九七，《台灣喪葬禮俗源由》，頁一六～一九。李秀娥，二〇〇三，《台灣傳統生命禮儀》，頁一三二。

55 陳瑞隆編著，一九九七，《台灣喪葬禮俗源由》，頁一六～一七。

56 李秀娥，二〇〇三，《台灣傳統生命禮儀》，頁一三三～一三四。

57 參考自林茂賢主持，一九九九，〈喪葬禮俗：花壇鄉〉，《彰化縣藝文資源資料蒐集計畫——民俗資源調查後續研究》報告書（下冊）。彰化縣政府主辦，彰化縣立文化中心承辦，頁二〇二～二〇三。

58 李秀娥，二〇〇三，《台灣傳統生命禮儀》，頁一三四。

59 陳瑞隆編著，一九九七，《台灣喪葬禮俗源由》，頁一一三～一一六。

60 陳瑞隆編著，一九九七，《台灣喪葬禮俗源由》，頁一一三～一一六。

61 陳瑞隆編著，一九九七，《台灣喪葬禮俗源由》，頁一一六。

62 陳瑞隆編著，一九九七，《台灣喪葬禮俗源由》，頁一二一～一二二。

63 陳瑞隆編著，一九九七，《台灣喪葬禮俗源由》，頁一二一～一二二。

64 陳瑞隆編著，一九九七，《台灣喪葬禮俗源由》，頁一二二～一二三。

65 楊炯山，一九九三，《最新婚喪喜慶禮儀大全》，新竹：台灣竹林印書局，頁七六～七八。陳瑞隆編著，一九九七，《台灣喪葬禮俗源由》，頁二〇～二一。李秀娥，二〇〇三，《台灣傳統生命禮儀》，頁一三五～一三七。

66 陳瑞隆編著，一九九七，《台灣喪葬禮俗源由》，頁一二四～一二五。

67 參考「台灣殯葬資訊網」網站，「禮儀用品」類〈棺木（棺材、大厝、大壽）〉。

68 鈴木清一郎原著、高賢治・馮作民編譯，一九八四[一九三四]，《台灣舊慣習俗信仰》，頁二三七～二三八。陳瑞隆編著，一九九七，《台灣喪葬禮俗源由》，頁二二。李秀娥，二〇〇三，《台灣傳統生命禮儀》，頁一三九。

69 參考陳瑞隆編著，一九九七，《台灣喪葬禮俗源由》，頁二三。

70 黃文博，二〇〇〇，《台灣人的生死學》，台北：常民文化事業股份有限公司，頁一八。李秀娥，二〇〇六，《台灣的生命禮俗——漢人篇》，台北：遠足文化，頁一二七。

71 鈴木清一郎原著、高賢治．馮作民編譯，一九八四[一九三四]，《台灣舊慣習俗信仰》，頁二三九～二四〇。陳瑞隆編著，一九九七，《台灣喪葬禮俗源由》，頁二二。李秀娥，二〇〇三，《台灣傳統生命禮儀》，頁一三九～一四〇。

72 陳瑞隆編著，一九九七，《台灣喪葬禮俗源由》，頁二七～二八。李秀娥，二〇〇三，《台灣傳統生命禮儀》，頁一三九。

73 陳瑞隆編著，一九九七，《台灣喪葬禮俗源由》，頁一一～一二。李秀娥，二〇〇三，《台灣傳統生命禮儀》，頁一四八～一四九。

74 鈴木清一郎原著、高賢治．馮作民編譯，一九八四[一九三四]，《台灣舊慣習俗信仰》，頁二四二～二四三。陳瑞隆編著，一九九七，《台灣喪葬禮俗源由》，頁二九。李秀娥，二〇〇三，《台灣傳統生命禮儀》，頁一四〇～一四一。

75 鈴木清一郎原著、高賢治．馮作民編譯，一九八四[一九三四]，《台灣舊慣習俗信仰》，頁二三〇～二四三。李秀娥，二〇〇三，《台灣傳統生命禮儀》，頁一四一～一四二。

76 鈴木清一郎原著、高賢治．馮作民編譯，一九八四[一九三四]，《台灣舊慣習俗信仰》，頁二四五～二四七。李秀娥，二〇〇三，《台灣傳統生命禮儀》，頁一四二～一四三。

77 陳瑞隆編著，一九九七，《台灣喪葬禮俗源由》，頁三三。

78 鈴木清一郎原著、高賢治．馮作民編譯，一九八四[一九三四]，《台灣舊慣習俗信仰》，頁二四七。陳瑞隆編著，一九九七，《台灣喪葬禮俗源由》，頁三五。

79 鈴木清一郎原著、高賢治．馮作民編譯，一九八四[一九三四]，《台灣舊慣習俗信仰》，頁二四四。陳瑞隆編著，一九九七，《台灣喪葬禮俗源由》，頁一三。

80 鈴木清一郎原著、高賢治．馮作民編譯，一九八四[一九三四]，《台灣舊慣習俗信仰》，頁二四四。陳瑞隆編著，一九九七，《台灣喪葬禮俗源由》，頁一二五～一二六。

81 鈴木清一郎原著、高賢治．馮作民編譯，一九八四[一九三四]，《台灣舊慣習俗信仰》，頁二四四。陳瑞隆編著，一九九七，《台灣喪葬禮俗源由》，頁一二五～一二六。

82 李秀娥，二〇〇六，《台灣的生命禮俗——漢人篇》，頁一二九。

83 李紹演編著，二〇〇六，《圖解佛教生命禮儀服務入門》，台中：瑞成書局，頁九八～一〇〇。

84 引自「台灣殯葬資訊網」——禮儀用品〈骨灰罈（骨灰罐、骨灰甕）〉。http://www.taiwanfuneral.com/Detail.php?LevelNo=75

85 陳瑞隆編著，一九九七，《台灣喪葬禮俗源由》，頁六四～六八。李秀娥，二〇一五，《圖解台灣傳統生命禮儀》，台中：晨星公司，頁一八六～一九一。

86 陳瑞隆編著，一九九七，《台灣喪葬禮俗源由》，頁一二四。

87 鈴木清一郎原著、高賢治．馮作民編譯，一九八四［一九三四］，《台灣舊慣習俗信仰》，頁二六一。

88 陳瑞隆編著，一九九七，《台灣喪葬禮俗源由》，頁九一。

89 李秀娥，二〇〇三，《台灣傳統生命禮儀》，頁一六六～一六八。

90 陳瑞隆編著，一九九七，《台灣喪葬禮俗源由》，頁五九。

91 陳瑞隆編著，一九九七，《台灣喪葬禮俗源由》，頁五九。

92 陳瑞隆編著，一九九七，《台灣喪葬禮俗源由》，頁五九。

93 感謝基隆廣遠壇李游坤道長所教授的淨符畫法與咒語。

94 陳瑞隆編著，一九九七，《台灣喪葬禮俗源由》，頁一七七。

95 陳瑞隆編著，一九九七，《台灣喪葬禮俗源由》，頁一九〇。

96 陳瑞隆編著，一九九七，《台灣喪葬禮俗源由》，頁一九二～一九三。

97 楊炯山編著，一九九三，《最新婚喪喜慶禮儀大全》，頁一七一～一七二。

98 楊炯山編著，一九九三，《最新婚喪喜慶禮儀大全》，頁一七二。

99 楊炯山編著，一九九三，《最新婚喪喜慶禮儀大全》，頁一七二～一七三。

100 綜合參考鈴木清一郎原著、高賢治．馮作民編譯，一九八四［一九三四］，《台灣舊慣習俗信仰》，頁二七四～

二七六；楊炯山，一九九三，《最新婚喪喜慶禮儀大全》，頁七三～七四；李秀娥，一九九九，《祀天祭地——現代祭拜禮俗》，頁一一一。

101 感謝台北士林喪家吳宅家屬願意給筆者夫婦採訪紀錄。

102 感謝楊士賢教授通知，朱瑞玶法師同意筆者夫婦採訪其為已故岳父所補行的「三七」功德。

103 此處每七天經一殿的說法，到了第八至第十殿究竟要經過多久，民間有不同的說法。

104 作七作旬王官天數對照表，參見陳瑞隆編著，一九九七，《台灣喪葬禮俗源由》，頁八五。李秀娥，二〇〇三，《臺灣傳統生命禮儀》，頁一六一。

105 楊炯山，一九九三，《最新婚喪喜慶禮儀大全》，頁七五～七六。

106 李燦郎，二〇〇三，〈台灣人身後的救贖方式——道教式拔度功德法事〉手寫稿。

107 感謝台南縣學甲吳文進道長的說明。李秀娥，二〇〇六，《台灣的生命禮俗——漢人篇》，頁一四一。

108 引自日人大淵忍爾，一九八三［昭和五十八年］，〈第二篇道教禮儀〉，謙田茂雄、大淵忍爾等著：《宗教の禮儀》，日本東京：福武書店，頁五五一～五五三。上述「歹」字在日文書中原寫為「呆」，也是指「惡」之意，故筆者修改為「歹」字。

109 感謝高雄高雄彌陀黃政雄道長的說明。

110 引自謝宗榮，二〇一四，《台灣的道教文化與祭典儀式》，頁七三～七七。台北：博揚文化事業有限公司。

111 綜合高雄彌陀黃政雄道長的說明，以及李秀娥，二〇〇三，《台灣傳統生命禮儀》，頁一六二～一六六。

112 綜合台南佳里林清隆道長和道教科儀研究者山田明廣之口述、加以整理而成。引自李秀娥，二〇〇六，《台灣的生命禮俗——漢人篇》，頁一四四，並經謝宗榮局部調整。

113 陳瑞隆編著，一九九七，《台灣喪葬禮俗源由》，頁九一。

114 感謝台南吳明府道長的說明。

115 感謝竹山守真道房陳廷彥道長的詳細補充與解說。

116 鈴木清一郎原著、高賢治．馮作民編譯，一九八四［一九三四］，《台灣舊慣習俗信仰》，頁二八四。陳瑞隆編著，一九九七，《台灣喪葬禮俗源由》，頁九三～九四。李秀娥，二〇〇三，《台灣傳統生命禮儀》，頁一六八～

一六九。

117 感謝竹山守真道房陳廷彥道長的說明。

118 陳瑞隆編著，一九九七，《台灣喪葬禮俗源由》，頁二四六～二四八。

119 李秀娥，二〇〇三，《台灣傳統生命禮儀》，頁一六九～一七二。

120 陳瑞隆編著，一九九七，《台灣喪葬禮俗源由》，頁二四六～二四八。李秀娥，二〇〇三，《台灣傳統生命禮儀》，頁一六九～一七二。

121 參考「破骨——土公由來」網頁。http://cgocgo.myweb.hinet.net/。

122 陳瑞隆編著，一九九七，《台灣喪葬禮俗源由》，頁九一。

123 李秀娥，一九九九，《祀天祭地——現代祭拜禮俗》，頁七八；李秀娥，二〇〇四，《台灣民俗節慶》，頁一六二～一六五。李秀娥，二〇〇六，《台灣的生命禮俗——漢人篇》，頁一四六～一四七。

124 陳瑞隆編著，一九九七，《台灣喪葬禮俗源由》，頁二四二。

125 陳瑞隆編著，一九九七，《台灣喪葬禮俗源由》，頁一四六～一四八，二四四。

126 李秀娥，二〇〇四，《台灣民俗節慶》，頁一二三。

127 徐福全，一九九五[一九九〇]，《台灣民間祭祀禮儀》，新竹：台灣省新竹社會教育館印行，頁一七〇。

128 李秀娥，二〇〇四，《台灣民俗節慶》，頁一二〇～一二四。

129 徐福全，一九九五[一九九〇]，《台灣民間祭祀禮儀》，頁一七一。

130 李豐楙、謝宗榮、李秀娥，一九九八，《藝文資源調查作業參考手冊——信仰節俗類》。台北：文建會，頁二九；李秀娥，二〇〇四，《台灣民俗節慶》，頁一二四～一二五。

131 李秀娥，二〇〇六，《台灣的生命禮俗——漢人篇》，頁一四八～一四九。

132 陳運棟，一九九九[一九九一]，《台灣的客家禮俗》，台北：台原出版社，頁二二七。

133 曾彩金、張春菊編撰，二〇〇四，《六堆客家地區祭拜入門》，頁三三～三七。李秀娥，二〇〇六，《台灣的生命禮俗——漢人篇》，頁一六八。

134 程大學主持，一九八三，《台灣地區現行喪葬禮俗研究》（上冊），頁六八。李秀娥，二〇〇六，《台灣的生命禮俗——漢人篇》，頁一七〇～一七一。

135 程大學主持，一九八三，《台灣地區現行喪葬禮俗研究》（上冊），頁六八。李秀娥，二〇〇六，《台灣的生命禮俗——漢人篇》，頁一七一。

136 索甲仁波切著，鄭振煌譯，二〇〇四［一九九六］，《西藏生死書》，台北：張老師文化，頁三七九～三八四。

137 參考台北市「佛化靈儀社股份有限公司」網站上所公告的佛化喪禮資料。引自李秀娥，二〇〇六，《台灣的生命禮俗——漢人篇》，頁一七九～一八一。

138 綜合參考〈金寶山〉網站，金寶山〈發展沿革〉、〈產品介紹〉，台北：金寶山事業股份有限公司：納骨塔資訊網網站，二〇〇六，〈金寶山〉，長生資訊維護製作，程式設計：王明宏，二〇〇六．一．十八最新更正。引自李秀娥，二〇〇六，《台灣的生命禮俗——漢人篇》，頁一八六～一八七。

139 參考龍巖建設開發股份有限公司〈生前契約〉網站。

140 鄧文龍，年代不詳，〈環保自然葬〉，中華民國器官捐贈協會網站。

141 綜合參考鄭學庸，二〇〇五，〈生死觀一／樹灑葬歸塵土．台北穴位滿〉，《自由電子報》二〇〇五年八月二十九日報導。王鴻國，二〇〇五，〈北市樹灑葬風氣漸開．墓區將擴大〉，大紀元網系：《大紀元時報》二〇〇五年八月二十八日報導。引自李秀娥，二〇〇六，《台灣的生命禮俗——漢人篇》，頁一八七～一八八。

142 鄧文龍，年代不詳，〈環保自然葬〉，中華民國器官捐贈協會網站。引自李秀娥，二〇〇六，《台灣的生命禮俗——漢人篇》，頁一八九～一九〇。

143 鄧文龍，年代不詳，〈環保自然葬〉，中華民國器官捐贈協會網站。引自李秀娥，二〇〇六，《台灣的生命禮俗——漢人篇》，頁一九〇。

參考書目

大淵忍爾（日）

一九八三［昭和五十八年］〈第二篇道教禮儀〉，謙田茂雄、大淵忍爾等著：《宗教の禮儀》

日本東京：福武書店，頁一五七～九四二

土公由來網站

N.D.「破骨——土公由來」網頁

http://cgocgo.myweb.hinet.net/

王禮（清）主修，陳文達（清）編纂

《臺灣縣志》，中央研究院漢籍電子文獻：清代康熙五十九年（一七二〇）刊行，臺灣方志一〇三

王鴻國

二〇〇五〈北市樹灑葬風氣漸開．墓區將擴大〉

大紀元網系：《大紀元時報》二〇〇五年八月二十八日報導

江韶瑩、李俊濤、謝宗榮、李秀娥等撰

二〇〇九《臺灣民俗文物辭彙類編》

南投市：國史館臺灣文獻館

呂宗力、欒保群

一九九一《中國民間諸神（上、下）》

台北：台灣學生書局

李叔還

一九九二［一九七九］《道教大辭典》

台北：巨流圖書公司

李秀娥

一九九九《祀天祭地——現代祭拜禮俗》

台北：博揚文化事業有限公司

二〇〇二〈生命禮儀與鄉土藝術〉，郭博州編著：《臺灣鄉土藝術導賞教學手冊》

台北：國立臺灣藝術教育館，頁三八～九〇

二〇〇三《台灣傳統生命禮儀》（臺灣民俗藝術8）

台中：晨星事業有限公司。

二〇〇四《台灣民俗節慶》（臺灣民俗藝術16）
台中：晨星事業有限公司
二〇〇六《台灣的生命禮俗——漢人篇》（台灣地理百科79）
台北：遠足文化
二〇一五《圖解台灣傳統生命禮儀》（圖解台灣6）
台中：晨星事業有限公司

李紹演編著
二〇〇六《圖解佛教生命禮儀服務入門》
台中：瑞成書局

李豐楙、謝宗榮、李秀娥
一九九八《藝文資源調查作業參考手冊——信仰節俗類》
台北：文建會

李燦郎
二〇〇三〈台灣人身後的救贖方式——道教式拔度功德法事〉
手寫稿

芮逸夫
一九八九《雲五社會科學大辭典——第十冊人類學》
台北：臺灣商務印書館

林承緯
二〇一四《就是要幸福：台灣的吉祥文化》
台北：五南圖書公司

「金寶山」網站
N.D. 金寶山〈發展沿革〉、〈產品介紹〉
台北：金寶山事業股份有限公司。

佛化靈儀社股份有限公司網站
N.D. 佛化喪禮的〈程序內容〉、〈安葬儀式〉、〈安位灑淨〉
台北市：「佛化靈儀社股份有限公司」網站

索甲仁波切著，鄭振煌譯
二〇〇四［一九九六］《西藏生死書》
台北：張老師文化

馬昌儀
一九九九《中國靈魂信仰》
台北：雲龍出版社

徐福全
一九八九《台灣民間傳統孝服制度研究》

台北：文史哲出版社
一九九五［一九九〇］《臺灣民間祭祀禮儀》
新竹：臺灣省新竹社會教育館印行
二〇〇八《台灣民間傳統喪葬儀節研究》
台北：徐福全出版

徐福全、林育名
二〇一二《增訂家禮大成》
台北：徐福全出版

納骨塔資訊網網站
二〇〇六〈金寶山〉，納骨塔資訊網網站
長生資訊維護製作（程式設計：王明宏），二〇〇四年一月十八日最新更正。

唐炘炘等
《台灣的生命禮俗》
台北：秋雨文化有限公司

陳澔（元代）撰，楊家駱主編
一九九〇（朱子小學及四書五經讀本）《禮記集說》，
台北：世界書局

陳瑞隆編著
一九九七《台灣喪葬禮俗源由》
台南：世峰出版社

陳運楝
一九九九［一九九一］《台灣的客家禮俗》
台北：臺原出版社，頁二二七

陳鳳翔
年代不詳〈台灣民間喪俗淺介〉（信望愛清明節專輯）
信望愛網站

張君房選輯（宋代），文山遯叟蕭天石主編
一九七九《雲笈七籤》（四部叢刊．正編）
台北：臺灣商務印書館

張益銘
二〇〇六《金銀紙的秘密》
台中：晨星出版社

張懿仁
一九九六《金銀紙藝術》
苗栗：苗栗縣政府編印

許雪姬（宗教篇主持人）
二〇〇〇《鹿港鎮志．宗教篇》（全一冊）（總主持人

黃秀政）
鹿港：鹿港鎮公所

莊研育
二〇〇二〈鹿港牽轎儀式〉，《彰化文獻》第四期，頁一六三～一八八。

曾彩金、張春菊編撰
二〇〇四《六堆客家地區祭拜入門》
屏東：社團法人屏東縣六堆文化研究學會

黃文博
二〇〇〇《台灣人的生死學》
台北：常民文化事業股份有限公司

(日) 鈴木清一郎 原著、高賢治．馮作民 編譯
一九八四［一九三四］《臺灣舊慣習俗信仰》
台北：眾文圖書公司

楊炯山編著
一九九三《最新婚喪喜慶禮儀大全》
新竹：台灣竹林印書局。
一九九五［一九九〇］《婚喪禮儀手冊》
新竹：臺灣省新竹社會教育館印行

程大學主持
一九八三《臺灣地區現行喪葬禮俗研究》（上、下冊）
臺灣省政府民政廳．臺灣省文獻委員會．中華民國臺灣史跡研究中心委託研究。

臺灣銀行經濟研究室（編），不著撰人
一九五八《安平縣雜記》（臺灣文獻叢刊第五十二種）
臺北：臺灣銀行發行

「臺灣殯葬資訊網」網頁——「禮儀用品」類〈骨灰罈（骨灰罐、骨灰甕）〉
N.D. http://www.taiwanfuneral.com/Detail.php?LevelNo=75

「臺灣殯葬資訊網」網站，「禮儀用品」類〈棺木（棺材、大厝、大壽）〉
N.D.http://www.taiwanfuneral.com/Detail.php?LevelNo=73

廖倫光
二〇〇四《臺灣傳統墳塚的地方性樣式與衍化研究》新竹：中原大學建築研究所碩士論文

鄭學庸
二〇〇五〈生死觀一／樹灑葬歸塵土．台北穴位滿〉

《自由電子報》二〇〇五年八月二十九日報導

鄧文龍
N.D.〈環保自然葬〉，中華民國器官捐贈協會網站。

謝宗榮
二〇一四《臺灣的道教文化與祭典儀式》，頁七三～七七
臺北：博揚文化事業有限公司

謝宗榮、李秀娥、陳茂泰合撰
二〇〇六《續修臺北縣志・住民志・第四卷禮俗》，總編撰張勝彥
臺北：臺北縣文化局

謝冰瑩、李鎏、劉正浩、邱燮友編譯
一九七六《新譯四書讀本》
台北：三民書局

龍虎山嗣漢天師府編印
二〇〇三《度人經》
江西：龍虎山嗣漢天師府

龍巖建設開發股份有限公司〈生前契約〉網站
N.D.〈生前契約〉，龍巖建設開發股份有限公司〈生前契約〉網站

蕭達雄
二〇〇三《台澎地區禮俗禁忌論說：台語說禁忌》
高雄：高雄復文圖書出版社

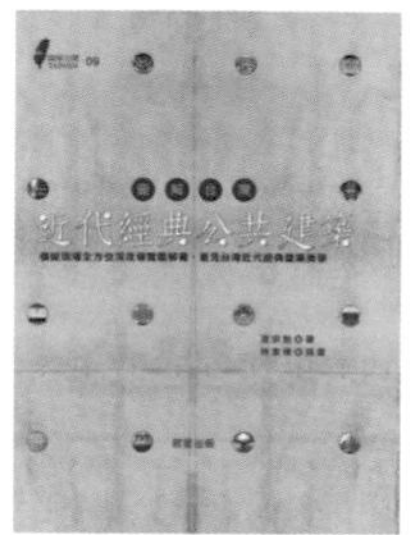
近代經典公共建築

圖解台灣
城市懷舊

圖解台灣
民俗工藝

圖解台灣
廟宇傳奇故事

鐵道世紀
圖解台灣
走吧！乘坐台灣銀河鐵道，
來趟時空行卡環島之旅
Taiwan Railway
centuries
李欽賢 著

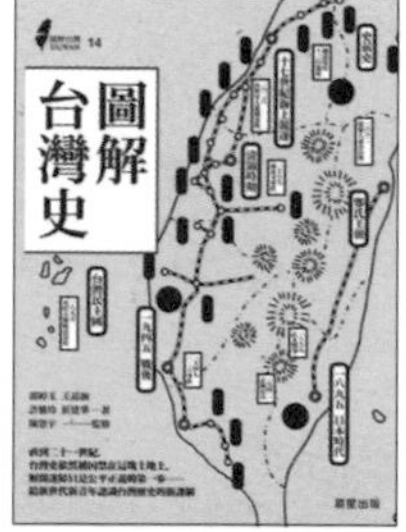
圖解
台灣史

台灣百年鐵道縮影
TAIWAN HUNDRED YEARS
RAILWAY MINIATURE

圖解台灣老地名

圖解台灣
廟宇戲文圖鑑
鄧老師廟口說演義

圖解台灣
電影史
1895-2017年

圖解台灣
戲劇史綱
A Theater
History of Taiwan

圖解台灣
傳統宗教文化
Taiwan's Traditional Religious Culture

圖解台灣
十二生肖誌

圖解台灣
老行業與
職人魂

圖解台灣
民間吉祥圖鑑

漫遊趣
觀光小鎮
30

台灣舊鐵道散步地圖
38條鐵道舊線旅行地圖大公開
台灣古道地圖
北部篇
單車一日小旅行
台灣有機茶地圖
新北登山小旅行
台灣有機生態農園
老產業玩出新文創
Ubike
輕旅行
臺北
台灣老屋散策
台灣博物館散步GO
新港都舊食光
高雄巷弄間的百樣滋味
台灣菜市場味
尋妖誌
老街誌
TAMSUI-KAVALAN TRAILS
淡蘭古道
臺灣小鎮慢騎

國家圖書館出版品預行編目資料

圖解台灣喪禮小百科 / 李秀娥著 . -- 二版 .
-- 臺中市 : 晨星出版有限公司 , 2021.04
面； 公分 . -- (圖解台灣 ; 8)
ISBN 978-986-5582-03-6（平裝）

1. 喪禮 2. 臺灣

538.6833 104011290

08 圖解台灣喪禮小百科【新版】

作者	李秀娥
攝影	謝宗榮．李秀娥．李燦郎
主編	徐惠雅
執行主編	胡文青
校對	李秀娥．胡文青．陳佇瑜
美術設計	高一民（拓樸藝術設計工作室）
封面設計	高一民
創辦人	陳銘民
發行所	晨星出版有限公司 台中市 407 工業區 30 路 1 號 TEL：04-23595820 FAX：04-23550581 行政院新聞局局版台業字第 2500 號
法律顧問	陳思成律師
初版	西元 2015 年 9 月 23 日
二版	西元 2021 年 4 月 10 日
總經銷	知己圖書股份有限公司 台北市 106 辛亥路一段 30 號 9 樓 TEL：（02）23672044／23672047 FAX：（02）23635741 台中市 407 工業 30 路 1 號 1 樓 TEL：（04）23595819 FAX：（04）23595493 E-mail：service@morningstar.com.tw 網路書店 http://www.morningstar.com.tw
郵政劃撥	15060393（知己圖書股份有限公司）
讀者服務專線	02-23672044
印刷	上好印刷股份有限公司

定價 480 元

ISBN 978-986-5582-03-6
Published by Morning Star Publishing Inc.
Printed in Taiwan

圖解台灣
TAIWAN

圖解台灣
TAIWAN